KB002982

인생의 방황에 대처하는 법

인생의 방황에 대처하는 법

오오카와 류우호오 지음

가림출판사

인생의 여러 문제를 해결하기 위한 책은 젊었을 때부터 많이 읽어 왔다. 청년 시절에는 지식을 머리만으로 이해해서 문제를 해결하려고 했었지만, 나이가 많아지고 경험이 늘어나면서 인생이 입체적으로도, 만화경처럼도 보인다.

지금에 와서는 나 자신이 내 인생의 방황에 대처하기 위한 책을 입수하기는 곤란해졌지만, 젊었을 때 인생의 여러 선배가 쓴 서적으로부터 많은 것을 배웠으므로, 이제 나도 세간에 보은해야겠다고 생각한다.

종교가가 설하는 인생 상담 서적으로 가볍게 읽을 수 있는 부분도 있겠지만, 인생론人生論으로서 만반萬般에 통하는 내용도 있을 것이다. 30년 전, 40년 전의 젊은 나 자신에게 말한다는 생각으로 서술해 보았다. 이 '행복을 선택하는 4가지 힌트' 중 하나라도 참고가 된다면 다행이라고 생각한다.

행복의 과학 그룹 창시자 겸 총재

오오카와 류우호오

CONTENTS | 차례

Chapter 1

만혼이 된 시대에
필요한 결혼관이란

결혼하고 싶지만
좀처럼 발을 내디딜 수 없습니다

내 친구 중에(질문자는 40대 초반), 결혼은 하고 싶지만 쉽사리 기회를 얻지 못하고, 또 결혼의 이상을 확실하게 그리지 못하여 좀처럼 발을 내디디지 못한 사람이 있습니다.

요즘은 만혼晚婚도 많아져서 연애와 결혼에 관해서는 나이를 불문하고 고민을 하는 사람이 많아지고 있으므로, 결혼을 하고 싶은데도 하지 못하는 사람에게 조언을 부탁드립니다.

가장 이성이 빛나 보이는 것은
18살부터 22살 무렵이다

질문자와 친구라고 하므로 나이도 당신과 비슷하다고 생각해도 좋겠군요.

현실적으로 가장 결혼하고 싶은 나이는 18살부터 22살 무렵이며, 그때 결혼한다면 당장 하늘에라도 오를 것처럼 행복할 것으로 생각합니다.

다만 결혼한 후에 바로 '지옥'이 찾아옵니다. 18살부터 22살 정도는 생활력이 없고 직무능력도 낮으므로, 그 시기에 결혼한다는 것은 배낭에 상당히 무거운 짐을 짊어지고 '등산'하는 것과 같은 것이겠지요. 직무능력에 자신이 없으면 가정까지 돌볼 수 없고, 경제적으로도 여유가 없으면 끊임없이 불만이 생기는 것입니다.

다만 '18살부터 22살, 20살 전후 때가 가장 결혼하고 싶은 시기이며, 가장 이성이 빛나 보이는 시기다'는 것은 나 자신을 돌아보아도 그럴 것이라고 생각합니다.

사회의 엄격함을 맛보는 동안에 '자기와 어울리는 상대'가 보인다

내가 젊었던 시절에는 일본에서 평균 결혼 연령이 남성은 27~28살, 여성은 24~25살 정도였습니다만, 그 정도의 시기에는 인생에 다소 지치는 경향이 있습니다. 몇 년쯤 일해보면 사회의 혹독한 현실을 맛보고, 약간 의기소침해져서 매사에 저돌적으로 돌진할 것 같은 20살 전후의 젊은 기세는 사라집니다.

그리고 직접적으로 자신을 힐난하지 않더라도 '너는 안 되는 놈이다'라는 말을 여러 곳에서 듣게 되면 힘이 빠져서 '나도 완벽한 인간이 아니다. 100퍼센트 완벽한 인간이 아니다'라고 느끼게 됩니다.

그러한 자기의 한계를 느끼고 "입사 당시에는 '미래에 한 회사를 이끌 대표가 될지도 모른다'라고 생각했지만, 과장까지라도 갈 수 있을지 모르겠고 운 좋게 부장까지 승진한다면 이것은 복권에 당첨된 것 같은 일이다. 자기는 그 정도밖에 안 되는 남자인가"라는 인생관이 되면, 잘 어울리는 상대를 찾기 위한 적절한 범위가 보이기 시작하는 것입니다.

회사에 들어가서 '사장까지 되어볼까'라고 생각할 때는 훨씬 더 공략하기 어려운 상대를 목표로 삼아 그러한 사람을 쫓아다니는 것입니다만, 그것은 상대의 처지에서도 똑같은 일입니다.

자기에게는 공략하기 어려워 보이는 상대라면, 그 상대는 더 높은 대상을 찾고 있을 것이므로, 서로 '위쪽으로, 위쪽으로'라며 포탄을 계속 쏘아대는 것 같은 상황이어서 좀처럼 맞지 않습니다. 고도 1만 미터를 비행하는 '적 전투기'는 격추하기가 어렵습니다. 하지만 비행고도가 1만 미터에서 5천 미터, 3천 미터, 1천 미터로 내려오기 시작하면 격추하기가 쉬워지는 것과 같습니다.

그러한 의미로 서로 높은 곳을 목표로 하거나 이상으로 삼는 동안에는 쉽게 결혼할 수 있는 것은 아닙니다만, 인생의 이상理

想이 고도 1만 미터에서 서서히 내려와 당신과 같은 나이 정도의 눈높이가 되면 '인생의 평균치'가 상당히 잘 보일 때가 된 것이 아니겠습니까?

자기와 어울리는 상대가 보여도 결혼을 결단할 수 없을 때

그 시기가 되면 '그래도 결혼하고 싶은가 아닌가'라는 또 하나의 문제가 나타나는 셈입니다.

인생의 평균치가 보일 무렵에, 자기를 마음의 저울에 올려보면 '나라는 남자의 가격은 이 정도겠지. 이 가격에 어울리는 여성은 이 정도다. 저런 상대를 만나면 절대로 무리다. 대체로 이 정도의 사람이 어울리는 범위다'라는 것이 보입니다.

다만 자기와 어울리는 범위의 여성과 필연적으로 결혼해야만 하는지에 대한 또 다른 차원의 문제가 나타납니다.

자기가 '그 정도의 남자'라고 알았다고 해도, 상대도 '그 정도의 여자'라고 생각될 때 '앞으로 몇십 년이나 이 사람과 함께 살고, 돌봐주고, 생활해야 하는가'라는 문제가 나타납니다.

그것을 생각할 때, '귀찮다. 품이 많이 들겠구나. 몇십 년이나 부채를 짊어진 것 같은 식이어서 굳이 하고 싶지 않다'라고 생각하는 사람은 결혼을 결단할 수 없겠지요.

'격에 맞는 상대면 좋다'고 결론지은 결혼에도 기대 이상의 기쁨은 있을 수 있다

하지만 '자기는 이 정도의 남자지만, 자기와 어울리는 여성을 대화상대로 삼으면서, 나머지 인생을 지내는 쪽이 여유롭고 즐겁지 않을까? 조금은 좋은 일도 있을지도 모르고'라는 식으로 생각하는 사람도 있을 것입니다.

예를 들면 아이가 생길 것인가는 확실하지 않지만, 태어나면 부모보다도 됨됨이가 좋은 아이가 될 때도 있습니다. 그러한 '기대 이상의 기쁨'이라는 것도 가끔은 있게 됩니다.

'나는 안 되었지만, 우리 아이는 의외로 세상에 도움이 되는 훌륭한 사람이 되었다'는 경우에는 '살아있어서 다행이구나. 나는 별 볼일이 없고, 이 세상에서는 흔한 인간에 지나지 않았지만, 아이는 세상에 도움이 되고 있지 않은가? 잘 됐다, 잘 됐어. 이 아이도 내가 없었으면 존재하지 않았다. 내가 결혼하지 않았으면 존재하지 않았다. 결혼도 의외로 좋았구나'라고 생각될지도 모르겠습니다.

　그처럼 '자기들은 평범했지만, 그다음 대代에서는 열심히 해 주었다', '손자의 대에서 열심히 해 주었다'라는 식으로 '저 세상에 돌아가서도 자손이 번영하여 조상이 기뻐한다'는 것은 이러한 패턴이겠지요.

　옛날부터 '일족一族에서 출가자를 한 명 낸다면 구족九族이 하늘에 태어난다', 즉 '전후 9대까지의 친족은 지옥에 떨어져 있었다고 해도, 전부 천상계로 올라갈 수 있다'라고 말해질 정도입니다.

　다만 여기에는 '출가 공덕'에 대한, 어떤 의미로의 선전이 많이 들어가 있다고 생각되며, 어느 정도의 출가자가 되는가 하는 문제는 있을 것입니다. 높은 덕을 가진 승려가 되면 그러한 일도 있을 수 있습니다만, 덕이 없으면 거기까지는 되지 않는다고 생각합니다.

　어쨌든 그러한 표현도 있는 것처럼, 자기를 정점으로 하여 그다음 자손이 뒤따라감으로써 세상에 도움이 되는 일도 있습니다.

　그 '반대'의 경우도 있습니다.

　만일 자기 자손, 아이나 손자가 살인귀처럼 되어서 연속 살인 등을 저지른다면, 천상계로 돌아간 조상이어도 영격靈格이 떨어질 수 있습니다. 발밑이 꺼질 것처럼 위험해져서 '나 때문에 저렇게 되어버렸는가'라고 생각될 것 같으면, 역시 어떤 순간에 영격이 떨어질 가능성은 있을 것입니다.

그러한 의미로 자손의 동향이 반대로 조상에게 영향을 주는 일도 나타나는 셈입니다.

결혼이라는 의미에는 그러한 것도 있을 것입니다.

'결혼하지 않는 사람'이 늘어나고 있는 비혼과 출생률 감소의 배경

다만 지금 '비혼非婚'이나 '출생률 감소'의 시대가 계속되고 있습니다만, 인류의 경험으로 봐서는 그와 같은 시기가 있어도 좋을 것이라고 나는 생각하고 있습니다.

그저 통계학적으로 '인구가 줄어든다'는 것만 말하고 있습니다만, 그것은 어떻게 할 수 없는 것입니다. 줄어들기 시작한 것을 '좋지 않다'라고 생각하면 늘어나는 일도 있고 '줄어드는 쪽이 행복하다'라고 생각할 때는 계속해서 줄어들 때도 있어서, 어느 쪽이 좋은지는 알 수 없습니다. 일정 이상의 수가 줄어들면 리바운드해서 증가할 가능성도 있습니다.

그러한 의미로는 여러 시대가 있다는 것을 받아들이는 것이 좋다고 생각합니다.

지금 결혼하지 않는 사람이 늘어나고 있는 원인에는, 결혼하는 과정에서의 여러 가지로 번거로운 일이 많아진 면도 원인이 될 것입니다.

옛날에는 체면이 중시되어 세간으로부터 손가락질 당하는 것을 대단히 걱정하는 사람이 많아서, 손가락질 당하지 않도록 자신의 처신處身 방법을 빨리 정하지 않으면 안 되었던 면이 있었습니다.

하지만 지금은 '체면보다도 자기가 살고 싶은 인생을 산다'라는 개인주의적인 사고방식이 강해지고 있어서 비혼이나 출생률 감소가 늘어나는 것입니다.

그러한 의미로는 도회적인 삶의 모습이 상당히 주류가 되고, 가치관으로서도 퍼져 가고 있으며, 지방에서도 그러한 경향이 늘어나는 추세라고 생각됩니다.

성인식 때 고향의 은사가 말해준 '23'이라고 하는 숫자의 의미

내가 성인식에 참석하기 위해 도쿄에서 고향(도쿠시마현德島県 가와시마초川島町)에 다니러 갔을 때, 2차 모임에서 학교의 은사한테서 들은 이야기가 있습니다.

그 성인식에서는 '네가 옛날에 중학교에서 학생회장을 맡았으므로 성인 대표로 말해라'는 말을 듣고, 고향인 가와시마초에서 취직하지도 않았으므로 고향 사람들 앞에서 대표로 말할 자격이 없다고 생각했지만, 가와시마초 마을 사무소에서 인사말을 써 주기까지 했으므로 할 수 없이 승낙했습니다.

그때 2차 모임에서 은사는 내 동급생 여성들에게 '23이라는 숫자를 잘 기억해 두어라'고 반복해서 말하고 있었습니다.

'시골에서는 23이라는 숫자의 의미는 크다. 지방과 도회의 평균 결혼 연령은 전혀 다르다. 지방에서는 대체적으로 23살을 지나면 주변에 독신이 없어진다. 모두 빨리 결혼하므로 친구가 없어진다. 그걸 알아두는 게 좋다'라는 말을 했던 것으로 기억합니다.

확실히 그 당시에는 시골 출신으로 늦은 나이까지 결혼하지 않은 사람은 드물었습니다.

지방으로 돌아가도
결혼 상대를 찾기 어려운 고학력 여성

다만 4년제 대학을 졸업한 고학년 여성들이 고향으로 돌아가서 살아도 쉽게 결혼할 수 없습니다. 고향으로 돌아가도 상대가 없으므로, 도회지에서 사는 쪽이 그나마 찾아질 가능성이 있는 셈입니다.

그처럼 시골로 돌아가면 상대가 없고, 은사의 이론에 들어맞지 않는 경우가 많아졌으므로, 이 부분은 어렵다고 생각했습니다(23살이 지나도 시골에서 독신으로 지내는 예가 있다는 뜻).

물론 그로부터 몇십 년이나 지났으므로 시대도 많이 바뀌었을 것입니다.

시골은 타인의 안목이 집중되어서 만나는 장면을 다른 사람에게 발각이라도 되면, 바로 구설수에 오르므로 제대로 데이트하기도 어렵습니다. 여성과 함께 걷는 모습 등을 발견하면 바로 부모 쪽으로 '오늘 ××에서 ○○군이 여자와 걷는 것을 보았다'는 '급보急報의 전화'를 걸어오는 일이 있습니다.

여성이 결혼 후에도 일을 계속하는 과정에서의 어려움

도회의 경우에는 그러한 일이 별로 없으므로 좀 더 편할 것으로 생각됩니다만, 도회에서 직업을 가진 여성은 점점 결혼하지 않게 되고, 남성도 결혼하지 않는 사람이 늘어나고 있습니다.

역시 '결혼할 권리'기 있는 한편으로는 '의부'의 부분도 크고 상실하는 것도 커졌다는 것이겠지요.

지금 내각內閣에서는 '아이를 키우면서 일할 수 있는 사회'로 만들려고 노력하고는 있습니다만, 그것을 여성의 입장에서 생각해 보면 그렇게 쉽게 되지 않는 면이 있는 것도 사실입니다.

실제로 중요한 일을 맡은 여성이 결혼해서 아이가 생기면 당당하게 산후휴가를 받아서 상당한 시간을 일할 수 없는 상황에 놓인 경우, 정부가 '원래 지위나 그 이상으로 복귀시켜라'고 해도, 직장에서는 다른 여성 직원들에 대한 형평성도 있고, 본인으로서도 일에 복귀하는 것이 눈치도 보이고, 자신이 없어지면서 정부가 바라는 대로 되지 않는 면이 많은 것 같습니다.

그러한 의미로 '결혼하지 않고 일을 계속해 가는 것'과 '결혼하고 나서도 일을 계속하는 것'과의 차이를 생각하면, 일반적으로 '결혼할 수 없다'고 하는 여성이 많은 것이겠지요.

물론 일의 성질에도 좌우된다고는 생각합니다. 여성이라도 남성과 똑같은 일을 하는 사람도 많으므로 일률적으로는 알 수 없습니다.

예를 들면 여성이라도 독신으로 살면서 장거리 운전기사를 하는 사람도 있습니다. 밤새 고속도로를 달려서 하루 만에 물건을 전달하는 택배 운전기사 등을 하는 사람이 여성 중에도 있습니다.

다만 결혼해서 아이가 생기면 그런 일을 해내기는 어려울 것이고, 그 월급을 받아서는 육아 도우미를 고용해서까지 할 수 있을 만큼 쉽지 않을 것입니다. 아이를 유치원이나 보육원에 데려다주는 것만으로도 간단히 할 수 없을 가능성도 있습니다.

그러한 경우에는 직장을 옮기거나, 친척에게 도움을 받거나, 여러 가지로 생각하지 않으면 안 되는 면도 있어서, 개별적인 경우마다 상황이 다르므로 한마디로 단정 지을 수 없는 면이 있습니다.

인생이 길어져서 이혼이나 재혼이 늘어나고 있다

또 '인생 50년'이라고 하는 시대에는 '20살에 결혼하고, 그 후 아이가 생겨서 40대가 되면 그다음은 아이에게 승계한다. 이제 45살부터는 절을 순례하고 편하게 놀면서 죽기를 기다린다'는 식의 패턴이 많았습니다.

그런데 '인생 80년, 90년, 100년'이라는 시대가 되면서, 너무 길다 보니 한 명의 반려자와 마지막까지 함께하지 못하는 예도 늘어나고 있습니다.

예를 들면 아이를 키우는 동안은 서로 열심히 노력하지만, 아이를 다 키우면 점점 함께 지낼 필요가 없어질 때도 있을 것입니다. 그때 이혼하여 잘 맞는 다른 사람을 만나서 재혼하는 예도 나타나는 것입니다. 역시 옛날과 비교하면 인생이 길어지고 있으며, 인생 후반전에 대비해야 합니다.

한편 남성의 경우에는 젊어서 결혼할 때에는 아직 '직업', '지위', '수입'이 다 확정되지 않은 경우가 많아서, 그 단계에서 결혼한 상대와 중년 이후에 사회적인 '지위'나 '수입', 혹은 '삶의 형태' 등이 상당히 이루어진 단계에서 선택하는 상대와는 다르다고 흔히 말합니다.

확실히 처음에 결혼 상대를 선정할 때는 젊은 혈기로 실패하는 경우도 있을 수 있습니다만, 40대 정도로 두 번째 결혼을 할 때는 남자의 진가를 확인하고 결혼 유무를 결정하는 경우가 많아집니다. '경제적으로 여유가 있는가 없는가, 성격이 원만한가 아닌가 등이 시험된다'고 하는 까다로운 말을 듣게 되는 경우도 상당히 있습니다.

다만 40대가 된 시기에 거기까지 상대가 보일 만큼 '투명한 깨달음'을 갖는 것은, 실제로는 불가능하겠지요. 40대여도 아직 방황 중에 있고, 판단이 많이 틀릴 것으로 생각합니다.

인간은 누구에게나 습관은 다양하므로, 실제로 같이 살아보면 '취미가 맞지 않는다'는 것부터 시작해서 맞지 않는 면은 여러 가지로 나타날 것입니다.

예를 들면 생활습관이 맞지 않는 사람도 있습니다. 밤샘을 좋아하는 사람과 일찍 자고 일찍 일어나는 사람과는 맞지 않습니다. 혹은 출신지가 다르면 먹는 취향도 다를 때도 있는데, 매운 음식을 좋아하는 사람도 있고, 싱거운 맛을 좋아하는 사람도 있어서, 다양하게 존재하는 셈입니다.

역시 40대라고 해도 총체적으로 상대에 대해서 전부 간파할 수 있을 정도로 현명한가에 대해서는 조금 의문이 드는 부분이 있습니다.

예전에 기숙생을 돌봐주는 아주머니들에게서 들은 '의외의 조언'

그러한 의미로 결혼할 생각이라면 인생에 너무 '완전성'을 추구하지 않는 것도 중요하다고 생각합니다.

즉 '전체적으로 보면 다소나마 좋았다'라든지 '플러스가 생겼다'라든지 '서로 결혼하지 않는 것보다는 하는 편이 좋았던 것이 아닐까'라고 생각할 수 있는 범위 내에서 만족할 수 있으면 그리 나쁘지는 않겠지요.

참고로 나는 '까다로운 유형'의 인간이기에 출가하기 전, 회사의 독신자 기숙사에 30살 정도까지 있었습니다. 기숙사에는 기숙생을 돌봐주는 아주머니가 4명 정도 있었습니다만, 전부 남편과 이혼하거나 혹은 남편이 세상을 떠난 사람들이었습니다. 아이가 없는 사람도 있었지만, 아이를 동반하고 일하지 않으면 안 되는 40대나 50대에 접어들었던 여성이 많았다고 생각합니다.

그러한 기숙사 아주머니들이 나를 붙잡고는 '결혼하라'고 자주 말했습니다.

그분들이 말하길 '단번에 결혼 상대를 정하려고 하는 것은 잘못되었다. 그런 식으로 생각하면 못하게 된다. 최고의 사람을 단번에 결정하려고 하니까 못하는 거다. 세 번 이상은 결혼할 생각으로 만나야 한다. 여러 번 만나서 서로 알아가는 것이 당연하다. 그래서 괜찮다고 생각할 수 있을 정도의 상대에게 집중하지 않으면, 역시 결혼 따위는 할 수 있는 게 아니다. 완벽한 상대를 기다리고 있으면 결혼은 못 한 채 나이만 들어버린다'라는 식으로, 기숙사 아주머니들로부터 상당히 위협받았던 것을 기억합니다. 그렇게 해서 결혼을 하고 싶은 마음이 들게 되었습니다.

확실히 자기도 완벽하지 않습니다만, 상대도 완벽하지는 않으므로, 어떤 의미로 그것은 맞았던 것이겠지요. 역시 완벽을 추구해서는 안 된다고 생각합니다.

최초의 상대가 운 좋게 잘 맞는 사람이어서 잘될 경우도 있다고는 생각하지만, 그렇게 되지 않을 경우가 있었다고 해도 '인생 경험에서 다소의 플러스가 되면 좋겠구나'라고 생각할 수 있다면 결혼을 선택해도 좋다고 봅니다.

다만 이혼함으로써 위자료나 양육비 등을 지급하여 나머지 인생이 힘들어진다면 그 외의 생각도 들지 모르겠습니다.

세간이 다양화하여 개인의 자유 영역이 넓어졌다

또 직업에 관한 면도 있을 것입니다.

예를 들면 여성이 경력 여성이어서 일을 계속하고 싶은데, 전근이 많은 직업을 가진 남성과 결혼했을 경우, 젊었을 때는 좋아도 원거리 연애와 같은 상황을 언제까지나 계속할 수 있는 것은 아닐 것입니다. 여성 쪽에서 중요한 일을 그만두면서까지 따라

갈 수 없는 상황이 되어, 몇 년이나 떨어진 채 지내게 되면 역시 어려워질 수 있습니다.

혹은 아이가 어렵게 명문 사립학교에 들어갔는데, 부모가 같이 있어 주지 않으면 퇴학하게 된다고 해서, 한쪽 부모는 남지 않으면 안 되는 일도 있는 것 같습니다.

어쨌든 여러 가지 사정으로 떨어져 살게 되고, 그 결과 잘 안 돌아가게 되는 일도 있을 것입니다. 이와 같이 인생이라는 모양에는 여러 가지가 있어서 '결혼이 모두 파라다이스를 가져온다'라고 생각하는 것은 생각이 짧은 것이라고 봅니다.

다만 어느 정도 자기의 가치를 알게 되어 '상대도 이 정도라면 될 것 같다'는 판단을 한 다음에, 그래도 경험으로서 '인생이 조금이라도 풍요로워진다'고 생각이 된다면 결혼을 선택해도 좋은 것이 아니겠습니까?

하지만 번거로운 인생에서 벗어나고 싶다면 굳이 결혼을 선택하지 않고 친구 정도로 관계를 갖는 형태도 있습니다. 가끔 휴일 등에 편하게 만나 주는 사람을 원한다면 그 정도의 관계를 지속하기를 원하는 상대도 있으므로, 사람을 선택하는 방법에도 여러 가지가 있을 것입니다.

그러한 의미로 세간이 다양화한 것 자체는 개인의 자유 영역이 넓어지고 있다는 면도 있으므로, 일정한 삶의 방법을 강요할 마음은 나에게는 없습니다.

다만 그 당시부터 30년 가까이 지났습니다만 '단번에 정하려고 생각하기에 결혼할 수 없는 것이다'라고 몇 번이나 몇 번이나 귀가 따갑도록 들은 것을 상기하는 일이 있습니다.

확실히 그렇게 생각하면, 인생에 대해 조금 마음이 편해지는 면이 있을지도 모르겠습니다.

나이가 들수록 상대에 대한 허용 범위를 넓혀 가는 것이 중요하다

또 와다나베 쇼이치渡部昇一 (지금은 타계한 일본의 저명한 영문학 교수) 씨도 다음과 같은 것을 쓰고 있었습니다.

"'결혼은 열쇠와 열쇠 구멍처럼 딱 맞지 않으면 문이 열리지 않는 법이다. 운명적으로 완성되어 있고, 예정되어 있고, 하느님이 결혼하게 만든 것이므로, 인간이 헤어지게 해서는 안 된다'는 말을 기독교에서는 자주 한다. 확실히 '이 열쇠가 아니면 열리지 않는다'라는 완전한 세트라고 생각하는 것이 좋은 면도 있지만, 그와 같은 상대를 추구하고 있으면 결혼할 수 없게 되는 일도 있다. 처음부터 열쇠와 열쇠 구멍처럼 세트로 만들어지는 것이 아니므로,

차츰 상대에게 맞춰 가면서 '이 열쇠로 열고 싶은 문이 열린다'는 식으로 되게끔, 서로가 다가서서 양보하지 않으면 안 된다. 의견을 말할 때도 있지만, 양보해야만 하는 일도 있는 법이다."

그러한 의미로는 '이런 사람이라고 생각해서 받아들이는 면도 필요하다'는 것은 알아두는 것이 좋을 것입니다.

할 수 있다면, 나이가 들수록 인생 경험이 풍요로워져서 사람을 용서할 수 있는 범위나 용량, 혹은 다른 사람의 실패나 실수 등에 대하여 관대해질 수 있는 마음이 강해지는, 인간적으로 그릇이 커지는 유형 쪽이 좋겠지요.

세간의 지혜를 알고 살아야 하는 나이가 된 사람이 결혼할 조건으로는, 역시 '용서할 수 있는 범위가 어느 정도 넓어졌는가'라는 것이 중요한 것으로 받아들여집니다.

젊을수록 상대를 용서하기가 어렵습니다. 상대의 결점이나 소행 등 여러 가지 것에 대해 용서하기가 어려운 법입니다.

예를 들면 젊은 부부, 혹은 연인끼리는 상대가 휴일에 어디에 있는지 모른다는 것만으로도 질투심이 생겨서 용서할 수 없을 때도 있겠지요.

'나한테 비밀로 하고 도대체 어디 갔었어?'

'회사에서 단체로 여행을 갔었어.'

'정말이야? 정말로 직원들과의 여행이야? 증명할 수 있어? 어

느 숙소에 묵었어?'

이러한 식으로 자잘하게 파고들어서 물어오는 일도 있고, 개중에는 회사에까지 전화를 걸어 확인하는 사람도 있습니다.

하지만 이처럼 집념이 강하고 질투가 심하게 되면, 대체로 싫어지기 시작할 것입니다.

젊을 때는 상대에게 완전함을 추구하여 독점성이 강해지고, 자기에 대한 충성심을 요구하는 경향도 대단히 강할 것입니다만, 나이가 들면 연륜에 맞게 용서할 수 있는 범위가 넓어지므로, 그 부분의 성장을 기다릴 수 있으면 좋습니다.

어쨌든 남녀 모두 연륜이 쌓이면 인간적으로 용서할 수 있는 범위가 넓어지고, 허용할 수 있는 상대는 늘어난다고 생각합니다.

다만 그것이 편협한 채 젊었을 때처럼 행동하는 사람도 있을지 모르겠습니다. 하지만 독신이라는 이유로 젊었을 때의 방식 그대로 '결벽증이 있고, 상대의 악이나 나쁜 행동, 거짓말을 일절 용서할 수 없다'는 성격으로 계속 지내온 사람은 결혼을 해도 그 생활은 대단히 힘들어질 것이고, 결혼할 수 있었다고 해도 얼마 지나지 않아 파국을 맞이하게 될 것으로 생각합니다.

서로 홀가분한 미래지향형 인간관계를 구축해 간다

역시 인간이 어느 정도로 불완전한가를 받아들이면서, 그래도 그 가운데에 훌륭함을 찾을 수 있는 경향을 기르는 것이 인간으로서의 성장이 아니겠습니까?

당신(질문자)의 친구가 남성인지 여성인지는 모르겠습니다만, 그 친구에게도 '그처럼 분수에 맞지 않는 허황한 소망은 갖지 말고, 자기가 성장한 범위 내에서 받아들일 수 있는 사람을 찾아보는 것이 이루어질 확률이 높아진다고 생각하는 것이 좋다'는 것을 알려주고 싶습니다.

예를 들면 40대라면 40대가 되어 '자기와 맞는 사람으로, 자기를 사십여 년 동안 기다리던 사람이 세상에 존재한다' 등으로 생각하는 것은 동화를 지나치게 읽는 사람의 환상이겠지요.

그러한 일은 없습니다. 상대도 많은 사람을 추구하고 추구해서, 찾고 또 찾아서 '이 사람이 아닐까, 저 사람이 아닐까'라고 생각하면서, 여러 가지로 실패도 경험하면서 현재에 이르렀을 것입니다. 아마 자기 자신도 그렇겠지요.

여러 가지 실패를 거듭해 가면서 현재가 있는 것이므로, 그러한 것도 서로 이해하고 용서하면서 '하나가 되어서 새로운 것을 만들어 갈 수 있는가 아닌가'라는 관계를 맺는 것이 중요합니다.

그러한 의미로는 어떤 나라의 여성 대통령처럼 '1000년이 지나도 이 원한은 잊지 않겠습니다' 따위로 말하는 사람과는 쉽게 결혼할 수 없습니다. 무섭습니다. 두렵습니다. 1000년이나 원한을 갖고 산다면 살아간다는 느낌이 들지 않겠지요.

'당신은 옛날 젊었을 때 이런 사람과 사귀고 있었네', '전에 헤어진 부인은 이랬네. 저랬네'라고, 결혼하고 나서도 이러쿵저러쿵 계속해서 캐내려는 식이라면 역시 견딜 수 없을 것입니다.

그 부분에 대해서는 서로 홀가분한 상태로 지내야 합니다. '미래지향으로 두 사람의 관계를 좋게 하고 싶은가, 나쁘게 하고 싶은가? 좋게 하고 싶다면, 서로 그런 것을 쑤셔대는 것은 그만두자'는 것입니다. 어른으로서의 교제에 필요한 진정한 대화를 할 수 있어야만 한다고 생각합니다.

다만 나이가 많고 적음을 떠나서 사회적으로 성숙할 수 있는 사람과 못하는 사람이 있으므로 그 부분을 자기 자신에게 질문을 던져볼 필요가 있을 것입니다.

한편 종교와 관련된 책은 그러한 것에 대한 공부의 '보고寶庫'라고 할 수 있습니다. 사회에 나간 다음에 종교심을 기름으로써, 사람을 용서하고 받아들이는 범위가 넓어지는 것이 아니겠습니까?

따라서 '신데렐라 이야기'처럼 되지 않을지도 모르겠습니다. 그러한 일은 젊었을 때는 있었어도, 일정한 나이를 넘어서 중년

이후가 되면, 신데렐라 이야기식으로 '모든 일이 척척 잘 되어서 이제 이상理想대로 되었다'는 일은 거의 있지 않습니다.

오히려 평범함이 보편적이라는 것을 견디는 힘도 필요한 셈입니다.

그래서 결혼할 것인가 말 것인가에 대해서는 따로 고려할 필요가 있을 것입니다.

'망각하는 힘' 또한 인생을 살아가는 힘 중 하나다

나는 인간의 능력 중 하나로 '잊어버리는 힘'이 있다고 생각합니다. 젊었을 때, 특히 학생 시절은 기억력이 좋은 것이 대단히 플러스로 평가됩니다만, 일정 이상 나이가 들면, '잊어버리는 힘'도 능력 가운데 하나라고 생각합니다. 요컨대 말끔히 잊어버릴 수 있는 힘입니다. 상대의 실언이나 실수 등을 바로 잊어 주는 유형의 사람은 여성이어도 남성이어도 역시 고마운 법이지요.

한편 '당신은 5년 전 결혼할 때, 이러한 10개 조항의 약속을 했다'라고 말하며 그것을 하나하나 상기해서 암송하며 '거기에 어긋났다'는 식으로 추궁하는 사람은 역시 피곤합니다. 오히려 '그런 것이 있었나?'라는 식으로 말끔히 잊어 주는 쪽이 고마운 일입니다.

역시 둘이 싸워도 일정한 시간이 흐르면 금방 화해할 수 있는
관계를 만들어 가는 것이 중요하겠지요.

그러한 의미로는 '잊어버리는 능력의 중요함', '망각하는 힘 또
한 인생을 살아가는 힘 중 하나다'라는 것을 알아두는 것이 중요
하다고 봅니다.

Point

- 인생의 평균치, 자기와 어울리는 상대가 발견되었을 때, 그래도 결혼하고 싶은가 아닌가?
- '전체적으로 다소 플러스가 나오면 좋겠다'라고 생각되면 결혼을 선택해도 좋다.
- 이혼이나 재혼, 경력 여성, 단신 부임 등 세간이 다양화해진 것 자체는 자유 영역이 넓어지고 있다는 것이다.
- 단번에 정하려고 하면 결혼할 수 없게 된다.
- 세 번 정도 결혼할 생각으로 지낸다면, 인생에 대해 조금 마음이 편해진다.
- 결혼은 열쇠와 열쇠 구멍처럼 딱 맞는 것으로 생각할 것이 아니라, 나이와 더불어 용서할 수 있는 범위가 넓어지는 것이 바람직하다.
- 상대의 과거를 용서하고, 미래지향으로 함께 새로운 것을 만들어 가는 것이 중요하다.

인생의 방황에 대처하는 법

Chapter 2

직장에서의 인간관계에 대한
고민에 답하다

Q2

직장에서 일보다
인간관계 때문에 고민하고 있습니다

직장에서의 '인간관계'에 대해 질문드리겠습니다.

일 자체보다도 인간관계가 힘들어서, 어떻게 하면 좋은지 알 수 없는 사람도 많다고 봅니다.

직장 안에서 '미움받는 것이 아닐까'라는 상황이 되었을 때, '인간관계를 어떻게 다시 만들어가면 좋은가', 혹은 '그만두는 것이 좋은가' 등에 대한 사고방식의 지침을 주셨으면 합니다.

'다음 직장을 찾아야 한다'는 경우란

나는 여러 가지로 영적인 것을 조사합니다만, 태어나기 전에 예를 들면 '이 직업으로, 이 회사에 근무하여 여기까지 훌륭해지고 싶다'는 식으로 정하고 태어난 사람이 있다고는 생각하지 않습니다. 명확하게 들은 적이 없습니다.

애초에 자기가 어른이 되었을 때 그 회사가 있는지도 알 수 없으므로 거기까지 명확하게 정한 것은 아니라고 봅니다.

또 직장도 시험이나 면접 등을 거쳐 통과되면 뽑히게 되므로, 어느 직장으로 결정될지도 알 수 없는 면도 있을 것입니다. 그 때문에 '본의가 아니다'고 생각되는 곳으로 결정될 때도 있고, '자기에게 맞는다'고 생각한 곳으로 결정되었다고 해도 '직장에서 도움이 되지 않았다'는 경우도 있는 셈입니다.

그러한 의미로는 정말로 있어야 할 곳이 잘못되어 '가시방석'이라고 할 수 있는, 주변 사람과 잘 안 되는 사람도 있을 것으로 생각합니다.

예를 들면 '자기는 공부를 잘해서 머리가 좋았으므로 일류대학에 갔다. 일류대학에 갔으니 역시 일류기업에서 근무하지 않으면 체면이 서지 않으므로 일류기업에 취업했다. 그렇게 해서 일류대학, 일류기업에 들어갔지만, 사람들과 지내기가 거북하다'는 경우도 당연히 있을 것입니다.

왜냐하면, 요구되는 능력이 다를 때도 있기 때문입니다.

공부를 잘했다고 해도, 혼자 답안을 쓰거나 문제를 풀거나 하는 데에서는 좋은 점수를 받거나, 혹은 빨리 풀거나 하는 사람도 있을지 모릅니다. 그런데 사회에 나가서 직업에 종사할 때는 아무래도 '대인관계'가 형성되는 셈입니다.

역시 대인관계에서는 다른 사람과 대화하는 것이 능숙한 사람도 있는가 하면, 서투른 사람도 있습니다. 한편 기계를 좋아하는 사람도 있고, 싫어하는 사람도 있을 것입니다. '퇴근 후에는 당연히 한 잔 마시러 가는 경우가 잦은 직장'에 배속되면 굉장히 곤혹스러워지는 사람도 있습니다.

예를 들면 '전국 모의시험에서 몇 등'이라는 좋은 성적을 받았으므로 필시 '슈퍼맨과 같은 사람일 것이다'라고 생각하고 있었는데 다른 사람과 전혀 어울리지 못하는 사람도 많습니다. 그런 사람은 이공계에도 많습니다만, 문과계에도 있습니다. 공부는 잘해도 사람과 쉽게 사귈 수 없고 어울리지 못하는 유형이 있는 셈입니다.

그러한 사람의 경우, 기업 이름에만 끌려서 '일류다'라고 생각해서 들어갔지만 '주변의 기대와 전혀 맞지 않는다'는 면은 있을 것입니다. 혹은 그 사람이 변화되어 갈 가능성도 있을지 모르겠습니다만, 맞지 않을 때도 있습니다.

그처럼 근본적으로 맞지 않을 때는 어쩔 수 없으므로 다음 직장을 찾아야만 할 때도 있다고 생각합니다.

사회에서는 '학력'보다도
'인간관계'가 크게 영향을 끼친다

다만 우수한 사람일 경우, '자기가 우수하다'는 것으로 만족하고 있으면 괜찮습니다만, 그러한 '우수하다'는 것이 다른 사람에 대한 지배력이나 영향력으로 나타나지 않으면 마음이 편하지 않는 유형도 세상에는 있습니다.

요컨대 '나는 우수하다. 그러므로 내가 하는 말을 주변 사람이 들어주지 않는 것은 이상하다. 주변 사람은 들어줘야만 한다. 내 영향을 받고 그렇게 되지 않는다면 이상하다'는 식으로 생각하는 사람도 있습니다.

게다가 그러한 자기의 영향력이나 지배력이 주변에 미치지 못하면 '이해가 가지 않는다. 이 조직은 이상하다'라고 생각하고 '나를 인정해 주지 않는 조직은 이상하므로 그만두겠다'는 식으로 회사를 그만두는 사람도 있을 것입니다.

그런데 그러한 사람의 경우, 다른 곳으로 가더라도 역시 똑같은 일이 일어나기 쉽습니다.

이것은 근본적으로 학생 시절까지는 점수 위주로 측정되는 것 가운데에 '인간관계'라고 하는 것이 많이 차지하지 않기 때문입니다. 그러한 것은 성적표에서 본다면 대개 비고란에 선생님이 쓴 것과 같은 인상적인 평가겠지요.

예를 들면 '생활지도 면으로 이랬습니다'라든지 '학급 활동이나 극劇, 학생회에서 이런 일을 했습니다'는 식으로 비고란에 써 줍니다만, 사실은 그런 것과 관계되는 부분입니다.

이외에도 '동아리 활동에서 남몰래 노력하여 드러나지 않게 여러 가지로 다른 학생들을 챙겨주고 있었습니다'라든가 '연극에서 아무개가 병으로 나올 수 없었을 때, 그 학생을 격려하면서 자기가 대역을 맡았습니다'라든가 하는 것이 있습니다만, 이처럼 가끔 성적표의 가장자리 난에 표기되는 인성과 관련된 부분이 회사에 들어갔을 때 크게 영향을 끼치게 될 수도 있습니다.

실질적으로 '주요과목이 5단계 평가, 10단계 평가에서 몇 점인가'라는 것은 그다지 크게 영향을 끼치지 않습니다. 오히려 '인간관계나 여러 사건 등에 어떻게 대처했는가'라는 것이 큽니다.

혹은 '사람들로부터 오해를 받았을 때 어떻게 벗어났는가', '집단학대 등, 여러 가지 사태를 어떻게 막았는가', '시달림을 당하는 아이를 잘 도와주었는가', '나쁜 짓을 하는 사람을 잘 제압했는가'라는 것도 있을 것입니다.

'인간을 재는 인자는 상당수 있다'는 것을 알자

머리가 좋고 나쁨에 대해서도 보통은 성적이나 시험의 합격 여부만으로 판정하기 쉽습니다만, 실제로 개개인에게는 여러 가지 사정이 있으므로 그것만으로는 알 수 없습니다. 결과만을 보고 머리가 좋고 나쁜지 등은 알 수 없습니다.

경제력에도 여러 가지로 차이는 있습니다. 형제가 많은 아이도 있거니와 외둥이도 있습니다. 아버지나 어머니가 공부를 가르쳐 주는 가정도 있지만 전혀 관여하지 않는 가정도 있을 것입니다.

또 부모가 양쪽 다 없거나 한쪽이 없어서 할머니에게 길러진 아이도 있고, 보육원과 같은 곳에서 자란 아이도 있습니다. 그처럼 여러 가지 조건 아래에서 살아가는 셈입니다.

좋은 학교에 들어갈 수 있었던 아이도 있고 그렇지 않은 아이도 있고, 형편없는 학교에 다녔던 아이도 있습니다. 혹은 학원 등에 다닐 수 있었던 아이도, 다닐 수 없었던 아이도, 가정교사가 있는 아이도, 없는 아이도 있는 것입니다.

대체로 도시에 태어나면 학원 외에도 여러 곳에 다닐 기회도 많습니다만, 벽지나 시골에서 태어나면 그러한 가능성은 줄어들 것입니다.

역시 진정한 의미로 인간의 머리가 좋고 나쁨이 평등하게 측정되고 있다고는 할 수 없으므로, 사회에 나가서 여러 가지로 불규칙한 예상외의 차이가 나올 경우가 생기는 것입니다. 요컨대 '본래 머리가 좋다'고 하는 사람이 있습니다만, 그러한 인간으로서 지력知力이 있는 사람이 차츰 두각을 나타내는 것입니다.

예를 들면 예전에 모의시험 등을 치르면 자기가 받은 점수의 2배나 높은 점수를 받은 사람도 있었을 것입니다. '500점 만점 시험에서 자기는 200점이었는데 상대는 400점이나 받았으므로 나보다 머리가 2배 좋은 걸까'라고 생각하던 상대도 있었을 것입니다.

그러한 그를 회사에 들어가서 우연히 만났다고 합시다.

그런데 '당연히 엘리트일 것으로 생각했던 상대가 10년이 지난 후에는 어느새 부서 내에서 좌천한 상태가 되어 있었고, 자기는 영업 쪽에서 순조롭게 출세하고 있었다'는 일도 있습니다.

그처럼 '인간을 재는 인자, 측정하는 인자는 상당수 있는 법이다'는 것을 우선 알아두는 것이 좋습니다. 또 자기가 직장에서 잘 안 되는 이유가 대체 무엇인가에 대해서도 잘 파악하는 것이 좋습니다.

'개인으로서의 만족감'과 '회사로서의 책임감'은 다를 때도 있다

물론 직장 내에서 잘 되는 것이 제일 좋다고는 생각합니다. 다들 분위기가 좋아서 '부서 직원들이랑 여행도 갈 수 있고, 송년회나 크리스마스 때는 함께 즐길 수 있고, 각자 생일에는 파티로 축하도 해주므로, 편안하고 좋은 회사구나'라는 부분으로 판단할지도 모르겠습니다.

하지만 순식간에 위기로 인해 도산해버린다면 그뿐이겠지요. '좋은 회사다'라고 생각하는 곳이 도산할 수도 있는 것입니다.

한편 친구가 근무하는 회사는 '힘들겠구나. 늦은 시간까지 야근으로 퇴근도 못하고 있다. 노예를 부리는 것 같은 혹독한 기업이구나'라고 생각하고 있어도, 자기 회사는 불황에 견디지 못하고 망해 버렸는데, 그 회사는 왕성하게 번창하여 망하지 않는 일도 있어서, 어느 쪽이 좋은지는 알 수 없는 면도 있습니다. '2시간이나 더 일하게 되어서 불쌍하다'고 생각이 들어도 그 회사는 망하지 않고, 5시에 칼퇴근하던 회사가 망하는 일도 당연히 있는 셈입니다.

따라서 '개인의 만족감'과 '회사로서 조직의 강함과 강인함', 혹은 '회사 종업원에 대한 책임감'과는 다를 때도 있습니다. '지내기 편한 곳인가'와 '회사가 종업원의 생활이나 미래에 대한 책임을지고 있는가 아닌가'는 다를 때도 있어서, 그 부분을 간파하지 않으면 안 되겠지요.

'공부를 못하는 사람'과 '공부를 잘하는 사람'이 불만을 느끼는 이유

한편 직장에서 지위가 올라가서 책임이 무거워지면 무거워질수록 스트레스는 늘어납니다만, 그 스트레스를 어느 정도까지 견뎌낼 수 있는가는 개인차가 있습니다.

역시 어느 정도 자기의 정신력이나 체력이 강인한지 시험받는 면은 있습니다.

예를 들면 '공부를 못하는 사람'은 못하는 사람 나름으로 '일의 실수가 잦고, 계속 꾸중을 들어서 견딜 수 없다'는 면도 있겠지만, '공부를 잘하는 사람'은 잘하는 사람 나름으로 '좀 더 일을 잘할 수 있을 텐데도 자기가 그것을 달성하지 못하는 것이 분하다'는 식의 불만을 가질 때도 있습니다.

다만 그 경우도 본인에게는 보이지 않는 것이 있어서 학교와 직장에서 요구되는 것이 다릅니다.

간단히 말하면, 서류상의 업무와 같은 일이 많으면 학교에서의 수재 쪽이 평가받을 가능성이 큰 것은 사실이겠지요. 서류업무를 하거나, 확실하게 표를 만들거나, 숫자를 다루는 부서라면, 학교에서의 수재 쪽이 유리한 면이 많은 셈입니다.

그런데 영업 같은 경우에는 학교에서의 수재보다도 '럭비부에서 주장을 맡았다'라든지 '비가 올 때도 흙투성이가 되면서까지 축구 시합을 했다'고 하는 사람 쪽이 강합니다.

혹은 기획 부문에서 새로운 기획을 만들어 고객에게 제안하거나, 광고 회사와 같은 곳에서 기획과 관련된 일을 시켜 보면 학생 시절에 성적으로 우수한 평가를 받아온 수재보다도, 학생 시절에는 비록 성적은 저조했지만 열심히 놀아본 사람 쪽이 우수한 기획을 낼 경우도 있습니다.

그때 '자기는 대학생임에도 불구하고, 열심히 학원에도 다니고 전문학교에서도 공부만 하면서 방학을 보냈다. 한편 저놈은 겨울방학 때는 설산에 가서 친구와 합숙하면서 산을 활주하며 놀기만 했다. 그런데도 회사에 들어가서는 오히려 영업 기획 등으로 성과를 많이 내서 기대받고 있다. 어처구니없다'라고 생각할 때가 있을지도 모릅니다.

하지만 다양한 체험을 통한 실전을 경험하면서 학창 시절에 놀기만 한 것처럼 보이는 사람이 뛰어난 기획에 대해 제안할 아이디어가 많을지도 모르겠습니다.

도쿄대학의 '문 I'과 '문 II'에서 보는 '사회적 적성'의 차이

도쿄대학에는 문 I (법학부)과 문 II (경제학부)가 있습니다만, 문 I 쪽에는 법률이나 판례, 조문 등을 열심히 암기하는 식의 공부만 하여 사회적 적성이 비교적 낮은 사람이 의외로 많습니다. 공부는 잘하지만 그러한 적성이 낮은 사람이 많습니다.

그 때문에 내가 재학했을 때부터 '문 I 학생은 매년 한 명씩 자살한다'라고 말하고 있었습니다. 성적이 나쁘면 자살하는 사람도 있는 셈입니다.

세상에서 보면 분명 '어이없다'고 생각될 것입니다. "도쿄대학까지 가서 '성적이 나쁘다'는 이유로 죽지 않아도 되지 않은가? 졸업하면 '도쿄대학을 나왔습니다'라고 말하면 그 후 '성적은 어땠어?'라는 질문은 하지 않을 텐데 바보 같은"이라고 외부 사람들은 말할 것입니다.

그런데 본인의 처지에서는 상당히 미묘한 문제여서 "'매우 우수하다'는 평가가 없었다"라든지 '한 개밖에 없었다', '2개밖에 없었다', '이것 때문에 취직자리를 놓쳤다' 등으로 말하며 자살하는 사람이 있는 셈입니다.

한편 따로 차별하는 것은 아닙니다만, 문 II 에서부터 경제학부

쪽으로 올라가는 사람은 처음부터 '취직하자'라고 생각하는 사람이 비교적 많으므로 '취직에 맞는 적성을 만들자'라는 경향이 있어서 사회에 맞는 공부 쪽에 힘쓰는 경향이 있습니다.

'성적보다는 졸업하면 바로 취직할 것이므로, 어떤 곳이 자기에게 맞는가를 조사하기 위해, 심지어 마작麻雀하는 곳에도 연구하러 가보고, 술집에도 가보지 않으면 안 된다. 또 마작뿐만 아니라 트럼프, 그 밖에 여러 가지 놀이나 여행도 경험해본다. 여러 가지 것을 미리 경험해보지 않으면 안 되므로, 다양한 아르바이트도 해보고 싶다'고 해서, 여러 형태의 경험을 하는 사람이 문Ⅱ에는 많습니다. 그 때문에 '문Ⅱ 학생은 자살하지 않는다'는 정평이 옛날부터 있었습니다.

참고로 도쿄대학 교수는 4월에 접어들면 '여러분에게 처음부터 말해 둡니다만, 문Ⅰ에는 매년 한 명씩 자살하는 학생이 있습니다. 분발해서 그런 일이 없도록 합시다'라고 말합니다.

게다가 '사고방식의 차이는 명확합니다. 문Ⅰ은 어떻게 좋은 성적을 받아서 다른 사람보다 먼저 여러 가지 자격시험에 합격하여 좋은 관청에 취직을 할 것이냐 하는 데에 목적이 있지만, 문Ⅱ 쪽은 어딘가에 취직만 할 수 있으면 된다고 생각해서, 공부만 파고들지 않는 사람이 많습니다. 그런 사람이 많으면 서로 치열하지 않으므로 그다지 기를 쓰고 노력하지 않는 면도 있는 것입니다'라는 말을 매년 하고 있었습니다.

확실히 그러한 면도 있을지 모르겠습니다.

부족한 부분을 보완하여 '인간학'을 몸에 익히는 노력을 하자

실제로 사회에 나가 보면, 놀며 지냈던 것 같은 사람이 도움이 되는 직업도 있습니다. 특히 서비스업 계통의 경우 '공부를 잘했는가 아닌가'는 별로 관계가 없고 '사람의 마음을 아는가 아닌가' 쪽이 중요해지는 것입니다.

예를 들면 긴자銀座(도쿄의 번화가)의 클럽 마담들은 머리는 좋다고 해도 공부를 잘했는지까지는 모르겠습니다만, 손님의 경향에 대해서는 바로 파악합니다. '좋은 경향의 손님인가 나쁜 경향의 손님인가', '지갑에 어느 정도 돈이 있는가', '어느 정도의 지위인가'를 단번에 아는 것입니다. 그런데 공부만 잘한 사람은 그것을 보아도 모를 수 있습니다.

그처럼 각각의 직업에 적합한 면이 있어서, 자기가 지금 있는 직장에서도 부족한 업무 부분에 능력을 추가함으로써 잘할 수 있게 된다면, 그 부족한 부분을 보완하기 위해 나름대로 시야를 넓히거나 경험을 넓히는 등의 노력을 해가면 되겠지요.

또 자기와 대조적인 사람이 능력을 인정 받는 것 같으면 '어떤 노력을 하고 있는가'를 보고, 그 사람에게도 배우는 것이 중요하다고 생각합니다.

역시 우수한 사람일 경우 '자기와는 대조적인 사람에게서 배운다' 혹은 '자기보다 젊은 사람들로부터도 중요한 부분이 있으면 배운다'는 마음을 갖는 것이 필요하겠지요. 물론 연상의 사람들로부터도 배울 것은 있습니다만, 다양한 사람으로부터 배운다는 마음을 가져야 합니다.

자기의 능력이 높은 사람은 다른 사람으로부터 배우는 능력이 낮을 때도 있습니다. 혼자서 공부를 계속해 온 결과 많은 사람과 어울리는 부분에 대해서는 자연스럽게 배우지 못한 일이 있습니다.

그러한 '인간학'이 되어 있지 않으므로 사업을 크게 할 수 없거나, 경영자가 되지 못하거나, 혹은 서비스 계통의 일에 종사하지 못하는 일이 있는 것입니다.

미국인으로부터 웃음을 사는
일본인끼리의 '인사 겨루기'

일본에서는 호텔의 경우 사무직이 아닌 일반 종업원으로 근무하는 직원 대부분이 고졸이며 그들이 다수를 이루고 있습니다. 대졸을 뽑게 되면 손님에 대한 공손함이 부족해서 인사하는 태도마저도 불성실한 경우가 많습니다. 45도 정도까지는 허리를 굽혀서 인사를 해야 하고, 사죄할 경우라면 90도 정도까지 허리를 굽혀서 인사를 해야 합니다.

이렇게 '머리를 숙일 수 없으면' 사과할 수도 없고, 제대로 인사를 할 수 없게 되는 셈입니다.

이처럼 '구별'이 되는 면이 있어서 이 부분은 노력이 필요한 것이겠지요.

한편 일본 사회에서는 대졸이어도 고객을 상대로 하는 일을 맡으면 '인사 겨루기(서로 계속 인사하는 것)'와 같은 상황이 자주 있습니다만, 이것을 하면 미국에서는 웃음거리가 됩니다. '방아깨비처럼 굽실굽실, 굽실굽실하고, 일본인에게는 보기 싫은 습관이 있다. 서로 뭘 하고 있는 거야? (양손 손가락을 직각으로 기울이면서) 이렇게 인사를 하면 얼굴이 보이지 않잖아'라고 하는 것입니다.

옛날에 내가 근무하던 뉴욕 사무실은 세계 무역 센터라고 하는 세계 제일의 빌딩에 있었습니다만, 그러한 곳에서도 똑같았습니다. 일본인의 경우 손님과 작별할 때, 승강기 앞에서 양쪽 다 인사를 합니다만, 먼저 얼굴을 드는 쪽이 결례하는 것입니다. 먼저 얼굴을 들었는데, 상대가 아직 머리를 숙이고 있으면 자기의 결례가 됩니다. '어느 쪽이 먼저 머리를 들 것인가'라는 정도로 오래 고개를 숙이고 있어야 하므로, 먼저 얼굴을 드는 쪽이 패하는 것입니다.

요컨대 먼저 얼굴을 드는 쪽이 영업직이나 서비스 계통으로서는 능력이 낮다고 판정 당하는 셈이어서 '담력이 모자라다'는 것이겠지요. 자기가 얼굴을 들었을 때, 상대방, 더군다나 자기보다 지위가 높은 사람이 아직도 머리를 숙이고 있다면, '도저히 이길 수 없구나. 그렇게까지 하는가'라는 생각이 들지도 모르겠습니다만, 이것도 끈기 겨루기입니다.

그것은 미국인이 보면 큰소리로 웃을 정도의 하찮은 대결입니다만, 대표 클래스의 사람끼리 양쪽 다 '90도 대결'을 하여 어느 쪽이 먼저 얼굴을 들 것인지 인내심을 겨루는 셈입니다.

하지만 결국은 어디선가 얼굴을 들게 됩니다. 승강기가 도착한 '땡똥'이라는 소리가 나면서 사람들이 우르르 내릴 때면 깜짝 놀라서 '이 정도면 됐을까'라고 생각하고 얼굴을 들게 됩니다만,

그때 이겼는지 졌는지가 판정되는 셈입니다. 개중에는 노골적으로 '이겼다'라고 말하며 돌아가는 선배도 있었습니다.

하지만 이러한 세계는 학교에서는 절대로 배운 적이 없었을 것입니다. 경험하지 않으면 알 수 없습니다. 인사할 때 자기의 머리가 상대보다 높고, 상대 쪽이 깊은 각도였을 경우는 '패배'가 됩니다. 허리가 많이 굽지 않는 사람, 고개를 깊숙이 숙이지 못하는 사람은 '패배'한 것입니다.

어쨌든 세상에는 '이상한 일'이 많이 있습니다만, 스스로 알아차리지 못한 것도 있습니다.

평상시의 인간 관찰로 '감'을 닦는다

또 '명령받은 것을 그저 담담하게 처리하면 그것으로 100퍼센트다'라고 생각할지도 모르겠습니다만, 그러한 회사뿐만 아니라 이심전심의 직관력이 효과를 발휘하는 직장은 많이 있습니다.

단, 그러한 곳에서는 구체적으로 '이걸 해라. 저걸 해라'라고는 말하지 않습니다. 그러한 말을 듣는 것은 실제로 신입사원에 가까운 취급을 하는 것입니다.

오히려 상사의 눈빛이나 그 날의 기분, 용모 등 여러 가지를 보면서 '오늘은 이것을 바라고 있구나'라고 감으로 맞춰서 '이런 일이 필요하지 않을까'라고 생각해서 먼저 제안하는 것입니다. 역시 거래처뿐만 아니라 직장 내 상사에 대해서도 제안이 필요합니다.

예를 들면 부장에게 '오늘은 날씨도 좋으므로 여기를 공략하면 어떻습니까'라든지, 혹은 '이제 슬슬 저것을 마감해 두지 않으면 안 되겠네요. 내용은 어느 정도까지 달성하고 있는지 한 번 조사를 진척시켜 둘까요'라든지, 기회를 보고 감을 작용시켜서 '지금 이런 일이 필요하다는 것을 한마디 제안할 수 있는가 없는가?' 이러한 능력이 제법 큰 것입니다.

이것은 '감의 세계'입니다만, 그 감을 갈고 닦으려면 평소부터의 인간 관찰이 무엇보다도 중요한 셈입니다.

이러한 것도 학교에서는 좀처럼 가르쳐 주지 않겠지요. 그렇게 생각하면 사회에 나가도 아직 인간으로서 성장할 여력은 많이 있습니다.

조직 속에서 필요해지는 '조정 능력'

또 한 가지, 학교 점수만으로 나오기 어려운 능력이 있습니다.

그것은 '조정 능력'입니다.

이 능력도 점수로는 나오기 어렵겠지요.

역시 시험 점수에 나타나는 능력은 '개인전個人戰'의 힘입니다. 그러한 개인전으로서 능력 차이가 나는 것은 많습니다만, 인간끼리의 조정 능력과 같은 것은 점수로 낼 수는 없습니다.

그런데 실제로 조직 속에서 함께 하고 있으면 '그 사람이 있으면 어쩐지 마무리가 된다'라든지 '완충재가 되어서 싸움이 진정된다'는 경우는 있습니다. 그 외에도 '사람의 능력이 각각 차이가 나는 부분'이나 '사이가 나쁘거나, 성격이 안 맞거나 하는 것', 혹은 '상사와 부하 사이의 이어지지 않는 부분' 등의 개별적인 모습이 서로 연관이 있다고 알게 되는 일도 있습니다. 그러한 조정 능력과 같은 것이 역시 있는 셈입니다.

이러한 힘은 학생 시절에 동아리의 매니저를 하거나, 모임의 간사幹事를 맡아서 나올 때도 있습니다. 동아리 매니저 정도라면 취직할 때도 조금은 고려될지도 모르겠습니다.

어쨌든 여러 가지로 다른 사람들을 보살펴 주는 사람과 같은 면은 밖에서는 보이지 않는 곳이 제법 있습니다만, 이러한 '코디네이터가 지녀야 할 능력'과 같은 것이 의외로 힘을 발휘하는 것입니다.

일반적으로 코디네이터 능력은 사람에 따라 상당히 차이가 있어서, 성적에 비유한다면 상당한 능력 차이를 가지고 있다고 생각됩니다.

예를 들면 개인주의여도 코디네이터 능력이 없을 때, 미야모토 무사시宮本武藏(일본에 있었던 검의 달인)처럼 '개인으로는 강해도 야규柳生(검의 달인)처럼 유파流派를 만드는 데까지는 가지 않았다'라는 식으로 되는 것입니다.

그러한 의미로 '유파를 만들 수 있는 사람들은 조직을 결부시켜 가는 힘이 강하다'고 말할 수 있는 것이 아니겠습니까?

따라서 실제 사회에서 새롭게 요구되는 능력을 알고 있는 것이 중요하고, 그러한 것도 '뜻'을 가지고 있으면 기를 수 있습니다.

젊은 사람이 알기 어려운 '조직력을 높이기 위한 사고방식'

한편 나도 개인으로서 수행에 도움이 되는 것이나, 공부로서 플러스가 되는 것을 자주 발신하고 있으나 '조직으로서 잘될 것인가 아닌가'라는 부분의 발신은 충분하지 않을지도 모르겠습니다. 그 부분에 대해서는 보완해 가야 한다고 생각합니다.

참고로 2014년 말, 우리 삼남이 학생부 연수에 참가하여 총본산 미래관未來館에 가서 ≪지혜의 법≫ 특별 공안 연수 '학생용 공안'을 받고 왔습니다.

그것은 내가 학생용 공안으로 ≪지혜의 법≫(행복의 과학 출판 간행)에서 인용하여 만든 것입니다. 그런데 삼남으로부터 '개인에게 들어맞는 내용만이 나와 있었고, 조직의 힘을 높이는 부분에 관한 공안이 빠져 있었으므로 곤란했습니다. 조직력을 높이려고 생각하고 있었는데 그런 공안이 빠져 있었습니다'라는 말을 들었습니다.

나는 '점검이 부족해서 정말 미안했다'라고 답했습니다만, 확실히 '조직력을 높인다'는 것은, 젊을 때는 제대로 알아차리지 못하는 것일지도 모르겠습니다.

실제로 조직력을 만들어 가면 2배로도 3배로도 10배로도 되는 것입니다만, 젊을 때는 좀처럼 깨닫지 못하는 것이겠지요. 실은 그것을 알려고 할 경우, 내가 만든 공안 중에서도 개인용이나 젊은 사람을 대상으로 한 것이 아니라, 경영자 등 좀 더 상위 직급을 대상으로 한 수준의 사람들이 일하는 방법, 공부하는 방법, 혹은 사고방식을 나타내는 부분을 인용해야 합니다.

그처럼 사람을 이끌어 가는 사람들의 사고방식은 젊더라도 배우지 않으면 할 수 없는 것입니다. 실제로 배우지 않고 그것을 할 수 있는 사람은 그다지 많이 있는 편이 아닙니다.

역시 개인주의적으로 가르침이 설해진 부분에 대해서는 그렇지 않은 면도 있으므로, 그것을 필요로 하는 사람은 더 연상인 사람이 배워야 할 가르침에 대해서도 자주적으로 배워 가는 것이 중요하다고 생각합니다.

즉, 젊은 사람에 대해서는 될 수 있는 대로 개인으로서의 힘을 키우는 방법을 나는 설하고 있을 것입니다만 '그것만으로는 부족하다'고 느끼고 있습니다.

Point

- 공부를 잘해도 직장에서는 '인간관계'가 요구되므로 주변의 기대에 맞지 않을 때가 있다.
- 인간을 판단하는 인자는 다수 있다는 것을 알아둔다.
- 서류상 업무는 학교에서의 수재가 유리하지만, 영업이나 기획 부문은 동아리 활동이나 다양한 경험을 한 사람 쪽이 적성이 맞는 면이 있다.
- '자기와는 대조적인 사람, 자기보다 젊은 사람에게도 배운다'는 마음을 가지고 '인간학人間學'을 몸에 익힌다.
- 시험에서는 측정할 수 없는 '인간관찰력'이나, 사람의 능력이나 궁합을 조정하는 '코디네이터 능력'이 실제 사회에서는 요구된다.
- 점수로 낼 수 있는 능력은 '개인전'의 힘이지만, 사람을 이끌어 가는 사람의 사고방식을 배우면 조직력은 10배로도 커질 수 있다.

인생의 방황에 대처하는 법

Chapter 3

미용성형과
신체적 열등감에
대해 답하다

Q3

미용성형을 한 후 자신감을 느끼는 것은 좋은 일입니까?

> 신체적 열등감을 느끼는 사람은 많다고 생각합니다만, 현대에는 '쁘띠성형'이라고 해서 비교적 가볍게 미용성형을 할 수 있게 되어 있습니다.
>
> 성형하면 자신 있고 밝게 살 수 있게 될지도 모르겠습니다만, 한편으로는 '부모로부터 받은 몸에 손을 댄다'라는 데에 죄책감을 느끼는 경우도 있다고 생각합니다.
>
> 미용성형에 관한 사고방식에 대해 가르쳐 주십시오.

해외에서는 주류가 되어가는 '미용성형'

이 질문은 처음으로 듣는 것으로 생각합니다. 지금까지 나오지 않았을지도 모릅니다.

참고로 한국에는 '성형미인'이 많이 있습니다만, 젊을 때 성형하면 나이가 들었을 때 성형한 부분만 너무 젊어 보여 '좀 이상하다'는 사람도 많다고 들었습니다.

확실히 외모가 바뀌면 인생이 바뀌는 것처럼 보이는 면도 있을 것입니다. 일본에서는 아직 미용성형이 그다지 주류가 되지 않았다고 생각합니다만, 한국이나 태국 등에서는 외형을 바꾸어 버릴 만큼의 수술을 하는 사람도 많은 것 같습니다.

유교 국가에서는 '부모로부터 받은 몸에 일부러 상처를 입혀서는 안 된다'고 하는 사고방식이 있습니다만, 한국은 유교 국가이면서도 성형미인이 많으므로 그것은 일종의 유행이라고 할 수 있겠지요.

어쩌면 일본에서도 그것이 진행되고 있어서 '우리는 이미 허위의 세계를 살고 있다'라는 가능성도 있습니다만 '나는 성형했습니다' 등으로 말하는 사람은 적으므로 정확히는 모르겠습니다.

다만 치아 교정 등을 하는 사람은 옛날과 비교하면 대단히 많아졌습니다. 비교적 어린아이부터 젊은 여성까지 치아 교정을 하는 사람은 늘어나고 있습니다. 또 식모나 발모 등도 많이 하고 있습니다.

성형에 의지하지 않고
자기를 바꾸기 위한 구체적인 방법

하지만 마음이 바뀌면 외모도 바뀌는 면이 있습니다.

나는 종교의 가르침으로서 그것을 자주 설하고 있습니다만, 사람에게는 '생각하는 힘'에 의해 몸의 각 기관으로부터 몸의 표면, 외모까지 상당히 제어할 수 있는 면이 있습니다.

'미인인가 아닌가'라고 해도 '객관적으로 많은 사람이 미인이라고 느낀다'는 것과 '특정한 사람만이 그 사람을 미인이라고 느낀다'는 것에는 차이가 있습니다.

역시 인간은 어느 정도 영적인 존재이며, 상대로부터 '발산'되는 것을 느끼는 면이 있으므로, 남성이든 여성이든, 평범한 얼굴이어도 힘차고 발랄하게 지낸다면, 주변에서도 힘을 받거나 밝아지기도 합니다. 그러면 실제보다도 훨씬 좋은 사람이고 훌륭한 사람처럼 보일 때도 있는 것입니다. 또 '외모로 보이는 나이'뿐만 아니라 '마음의 나이'도 있습니다.

혹은 연기자처럼 할 수는 없어도 그들이 배역을 맡은 것처럼 '각자가 자기 인생의 주인공이다'라고 생각하고 '자기를 스스로 조종할 수 있다', '자기자신을 조종할 수 있다'는 마음의 법칙을 확실히 함으로써 자기를 바꾸어 갈 수는 있습니다.

게다가 '외모' 중에는 신체뿐만 아니라 외형적인 패션 등도 포함됩니다.

미국의 긍정적 심리학 등의 책에도 쓰여 있습니다만, 예를 들면 굉장히 기분이 저하되어 있을 때 '우중충한 복장'보다는 그럴 때일수록 밝은 복장으로 하거나, 밝은색 넥타이 등으로 단정하게 해서 마음을 바꾸면 좋다고 합니다.

이러한 사고방식의 기본은 아마 '판매원' 등이 모델이 되었다고 생각합니다. 판매원이 영업을 하러 집집마다 돌아다녀도 대개는 거절당합니다만, 100번 돌아서 98번, 99번이나 거절당하면, 역시 보통은 힘이 빠질 것입니다. 마찬가지로 행복의 과학 신자가 전도나 헌본, 선거 활동을 위해 집집마다 돌아다녀도 거절당하는 일은 많겠지요.

그런데 '어차피 거절당할 것이다. 거절당할 것이 틀림없다'라고 생각하고 그것을 오히려 자연스럽게 드러내며 다니면, 상대도 '거절해도 괜찮구나'라는 식의 태도를 보여 주게 되는 것입니다.

따라서 다소 다른 사람과 반대로 하는 부분도 필요하다고 생각합니다.

예를 들면 장마철이 되면 습도가 높아서 불쾌감이 높고, 회사 내에서도 직원들 대다수가 기분이 좋지 않을 수도 있습니다. '의욕도 나지 않고, 할 수 있으면 게으름을 피우고 싶다. 이제 회사에 오고 싶지 않다'라고 할 때가 많습니다만, 그럴 때 기운을 내며 활기차게 지내면 대단히 눈에 띌 것입니다.

또 '여름 방학이 되면 좋겠다', '겨울 방학이 되면 좋겠다'라고 생각할 때도 힘차게 지내면, 분위기가 살아나거나 눈에 띄거나 하는 일도 있을 것입니다.

그처럼 확실히 심리학을 공부하여 자기자신을 가다듬는 기술을 익히는 것이 기본이라고 생각합니다.

물론 성형으로 아름다워지면 타인으로부터 사랑받게 될 수 있을지도 모르므로 그러한 것도 부정하지는 않습니다. 하지만 거기에는 한계가 있지 아니겠습니까?

성형해서 자기를 바꾸는 데에는, 당연히 다른 사람에게 다른 이미지를 주기 위한 작전이라는 면도 있습니다만 "자기자신이 거울을 볼 때 '자기는 바뀌었다'라고 생각함으로써 딴사람이 되자"라고 하는 동기도 반드시 있다고 생각합니다.

즉 개조해서 '개조 인간'이 되면 순수하게 자기자신을 속일 수 있는 셈입니다. 연기자가 되지 않더라도 스스로 자기를 속일 수 있는 것이겠지요.

물론 세상의 흐름이 그렇게 된다면 나는 특별히 부정할 마음은 없습니다만 '현재 있는 그대로의 자기자신이라도 노력으로 다르게 변할 수 있는 것이다'는 것도 알아야만 합니다. 역시 심경이

나 의욕, 의지력, 표정의 문제이기도 할 것이고, 혹은 나이가 많아지면서 수입 등이 어느 정도 갖추어지면, 다른 것으로도 보완할 수 있다고 생각합니다.

신입사원 시절에 추천받고 구매한 '최고가 될 수 있는 사람만 사용할 수 있는 인감'

게다가 연기자는 아닙니다만 '자기는 이런 인간이다'라고 어떤 의미로의 자기 최면을 거는 것도 중요하다고 생각합니다.

결코 나쁜 쪽으로 생각하는 것이 아니라, 예를 들면 '이렇게 바뀌고 있다', '매일 좋은 방향으로 변하고 있다'라고 자기 최면을 걸면 점점 그러한 분위기가 나타나기 시작합니다. 그러한 것이 중요합니다.

물론 그것이 너무 비약해서 주변에서 심한 말을 듣고 실패할 때도 있을 것입니다.

이전에도 말한 적이 있습니다만, 나는 신입사원 때, 사장 인감과 같은 인감을 사용하고 있어서 심하게 야단맞은 적이 있었습니다.

나와 같은 성을 가진 부장이 있었습니다만, 신입사원인 내 인감 크기는 그 부장 인감의 2배 정도 되었습니다.

부장 쪽은 말이 없었지만, 주변 사람으로부터는 이렇게 말을 들었습니다. '부장님의 인감은 이 크기다. 그런데 네 도장은 이렇게 크다. 이게 어떤 상황인지 알고 있는가? 네 인감을 보면서 과장님이 찍고, 부장님이 찍고 있다. 너는 신입사원이므로 좀 더 저렴하고 작은 도장을 사용해도 되지 않은가?'

하지만 나는 '그것은 알고 있습니다만, 무슨 문제라도 되는 것입니까? 그러면 출세할 때마다 다시 만들어야 하는데 매우 귀찮은 일이 되지 않겠습니까?'라고 말하며, 이왕이면 처음부터 '사장이 사용하는 대표 인감'을 만들어 두는 것이 더 빠르다고 생각하고, 신입사원이면서 '사장 인감'을 사용하고 있었습니다.

신입사원으로 입사한 4월 중순쯤에 인감 도장을 만들러 갔더니, 가게에서 '당신은 조직의 대표가 될 사람이니까, 좋은 인감을 만드는 게 좋겠다'고 말하므로, 나는 반은 '속는 것인지도 모르겠다'고 생각하면서도 좋은 인감을 만들었던 것입니다.

인감 도장과 은행 도장, 막도장 3개였습니다만, 가게 주인은 '당신에게는 이것밖에 없다!'라고 말하며 권한 셈입니다.

내가 '이것은 대단하네요. 재료는 무엇입니까'라고 물었더니 '호랑이 눈 보석으로 되어 있다'고 했습니다. 잘은 모르겠습니다만 그것은 남아프리카 등에서 어렵게 손에 넣을 수 있는 것 같았습니다.

가게 주인은 '이것은 아무나 사용할 수 있는 것이 아닙니다. 실력이 안 되는 사람이 가지면 인생이 파멸되므로, 사용할 수 있는 사람과 사용할 수 없는 사람이 있습니다. 호랑이 눈 보석의 인감을 사용할 수 있는 것은 최고가 될 수 있는 사람뿐이며, 다른 사람들은 몰락을 가져오므로 아무에게나 권하는 것은 아닙니다'라고 말하는 것입니다. 게다가 '내가 거짓말을 한다고 생각한다면 거절해 도 괜찮습니다'라고 확신에 차서 이야기했습니다.

그 때문에 나도 '그렇게까지 말한다면 사도 좋겠지'라고 생각하고 구매하기로 한 것입니다.

'주소도 전화번호도 알지 못하는 남자'를 신용한 도장 가게

그때 '당신 주소는 어디입니까?'라고 물었습니다만, 나는 그 순간에 내가 사는 곳의 주소를 말하지 못했습니다. 당시 나는 월급 생활자로서 지바千葉에 있는 회사 기숙사에 살고 있어서(주. 현재는 행복의 과학 시설인 자복관雌伏館이 되어 있다), 주소 등을 쓴 적이 없었으므로 기억하지 못했던 것입니다.

그다음에 '그러면 전화번호는?', '명함은?'이라고 물었지만, 전화번호도 기억하지 못했고 명함도 가지고 있지 않았습니다. 자기증명을 할 수 있는 것이 아무것도 없었던 셈입니다. 게다가 돈도 가지고 있지 않았습니다.

요컨대 돈도 없고 명함도 없고 주소도 전화번호도 모르는, 어디의 누구인지를 증명할 수 없는 상태였던 것입니다.

물론 이름과 생년월일은 알려주고 '이러한 회사에 다니는 사람이다'라고는 전했습니다만, 정말인지 거짓말인지 알 수 없는 상황이었지요.

그러한 상황으로 보면 도장 가게 사장 입장에서는 대금을 받지 못할 수도 있는 위기였던 셈입니다.

하지만 가게 주인도 구태여 호랑이 눈 보석으로 인감을 권했던 이상, 자기의 판정에 잘못이 있어서는 안 되는 셈이므로 '그래도 당신은 신용할 수 있는 사람이다. 금전적으로 신용할 수 있으므로, 지금 돈이 없어도 걱정하지 않는다. 당신은 금전적으로 속이거나 하는 사람이 아니기에 신뢰할 수 있다. 대금은 조금 비싸지만 입금해 달라'고 저에게 말했습니다.

게다가 '이 성명과 생년월일로 보아 당신은 반드시 회사를 그만두고 독립할 것이다. 이것은 운명이므로 역시 좋은 인감이 필요할 것이다. 지금 만들어 두지 않으면 늦어지므로 만들어 두어라'라며 신입사원인 나를 상대로 말하는 것입니다.

나는 그 '인감'을 사용하고 있어서 회사에서는 심하게 야단맞았습니다만, 결국은 그 도장 가게 주인이 말한 대로 독립했습니다.

'자기 이미지'나 사고방식을 바꾸는 '의지의 힘'

이 경우는 인감으로 '자기의 장래 이미지'를 바꾸려고 하는 것입니다만, 자기 최면을 걸었는지 상대 쪽에서 걸었는지는 확실하지 않습니다.

참고로 그 후 내가 법명(오오카와 류우호오)을 사용하면서 또 한 번 같은 곳에서 인감을 만든 적이 있었습니다. 그때는 처음에 만든 때부터 십여 년이 지났을 때였습니다.

그런데 내 성명은 달라졌지만, 생년월일을 말하며 '호랑이 눈으로 만들어 주세요'라고 부탁했더니 그분은 '그 생년월일로 내가 호랑이 눈 보석으로 인감을 만든 사람은 한 명밖에 없다'라고 말했습니다. 그것을 듣고 '그때 속은 것은 아니었구나'라는 것을 알았습니다. '단 한 명밖에 없다'는 것을 제대로 기억하고 있었습니다.

그래서 '실은 이름이 바뀌고, 지금은 이런 이름으로 일하고 있습니다'라고 했더니, 저를 기억한다고 했습니다.

참고로 그는 '인감을 만든 사람이 그 후 어떻게 되었는가'를 때때로 조사한다고 합니다.

그 당시는 나카소네 야스히로中曽根康弘 씨가 총리를 그만둔 뒤였다고 생각합니다만 "나카소네 씨가 '인감을 만들어 달라'고 했지만 '당신에게는 가까운 시일 내에 엄청난 일이 일어날 터이므로, 당신의 인감은 만들고 싶지 않다'고 거절했다"고 말했습니다.

그 후 그의 예견대로 나카소네 씨는 리쿠르트 스캔들에 연루되어 추궁받게 되었습니다. 그러므로 이에 대해서도 '거짓말을 했던 것은 아니다'는 것을 알았습니다.

물론 상대가 어디까지 진심이었는지 모르겠습니다만, 그러한 의미로 나도 '자기 이미지'를 만들 수는 있었던 것입니다. '독립운이 있어서 최고가 될 운명이다'는 말을 들으면, 인감 하나라도 그렇게 자기를 바꿀 수 있는 셈입니다.

다만 그것이 인감이 아니라 넥타이나 브로치, 옷, 머리 모양 등 무엇이든 상관없는 것이겠지요. 무엇인가로 자기 이미지를 바꿀 수 있고, 자기의 사고방식을 바꾸는 등 '의지의 힘'으로써 인생이 바뀌는 일은 있을 것으로 생각합니다.

대부분의 사람은 '세계의 연인'이 될 필요는 없다

따라서 '자기는 인기가 없으므로 성형을 받고 싶다'고 생각하는 사람은, 매일 '자기는 인기가 있다, 인기가 있다, 인기가 있다'라는 이미지 트레이닝을 하는 것이 중요하다고 생각합니다. 그렇게 생각하고 있으면 신기하게도 그렇게 보이는 법입니다.

또 필요한 것은 '대개의 경우, 모든 인류로부터 인기를 받을 필요는 없다'는 생각입니다. 모든 인류로부터 인기를 받을 필요는 없고, 특정한 사람에게 인기를 받으면 되는 셈입니다. 그것으로 만족하지 않겠습니까?

적어도 가족이나 동료, 혹은 자기가 좋아하는 사람 등 일부 사람으로부터 인기를 받을 수 있으면 그것으로 충분하며, 일반 사람은 모든 인류로부터 인기를 받아서 '세계의 연인'이 될 필요는 없습니다. 그렇게까지 남녀 다 아름다워질 필요는 전혀 없습니다. 만일 '세계의 연인'이 된다면, 반대 의미로 결혼도 하기 힘들겠지요. 정말로 큰일 납니다.

어쨌든 자기는 특정한 사람에게 사랑받으면 되는 셈이므로 될수 있는 한 '자기 고유의 맛'을 내면 됩니다. 그래서 상대가 호감을 느끼거나, 아름답다고 느껴줄지는 모르겠습니다만, 그러한 쪽으로 자기를 가져가는 것이 중요하다고 생각합니다.

확실히 나도 때때로 성형이 필요하지 않겠냐고 생각하는 경우도 있습니다.

내 경우 '세계의 연인'까지는 필요없습니다만, 모든 인류로부터 사랑받는 것이 좋은 직업임은 틀림없으니까요. 인종에 따라 '저런 얼굴은 싫다'라는 말을 들으면 그 지역에는 전도할 수 없게 됩니다. 혹은 '불쾌감을 느낀다' 등의 말을 들으면 그렇게 되므로 '바꾸는 쪽이 좋을지도 모르겠다'라고는 생각하면서도 '미조정 단계'에서 포기하는 것입니다.

아버지 요시카와 사브로 명예 고문에게서 들은 '엄격한 의견'

참고로 내가 행복의 과학 일을 시작했을 때 아버지는 건재해서 '요시카와 사브로善川三朗'라는 이름으로 일하고 있었습니다만, 나에게 '너에게는 삼중고三重苦가 있다'고 말했습니다. 부모의 의견은 매우 신중하게 받아들여야 하므로, 이 일을 시작할 즈음에 '너에게는 여러 가지 부정적인 점이 많아서 큰일이다'라고 들었습니다.

우선 첫 번째는 '미남형이 아니다'는 것이었습니다. '얼굴이 별로다. 그러니까 인기가 없다. 이것은 상업적으로는 결정적인 약점이다. 부모의 죄도 있지만 그것은 용서해라. 하지만 네가 미남자가 아니고, 인기가 없기에 사람들이 모여들지 않는다는 것에 대해서는 운명이라고 생각하고 포기해야 한다'는 말을 들었습니다.

두 번째는 '너는 목소리가 나쁘다. 남들 앞에서 강연하는 사람은 목소리가 듣기 좋아야 한다'는 것이었습니다. '목소리가 대단히 나쁘다. 이 목소리로는 절대로 안 된다. 그러므로 성공할 가능성은 극히 낮다'는 말을 한 것으로 생각합니다.

세 번째는 여성 앞에서 제대로 말을 잘하지도 못하고 '얼굴이 별로다'는 것에 이어서 똑같은 평가입니다만 '어쨌든 신장이 커서 스타일이 좋지 않으면, 세상에서는 멋지다는 말을 듣지 못한다'는 것이었습니다. '이것도 선천적인 것이라 한계가 있지만, 전형적인 일본인 수준 정도는 되지만, 유감스럽게도 사람들 앞에 나서서 인기가 많아지는 일은 없을 것이다'는 말을 여러 번 들었습니다.

외모는 신경 쓰지 않고
일을 하던 당시를 돌아본다

그처럼 아버지한테서 부정적인 점을 많이 들었습니다만, 그 말 대로였다고 생각합니다. 지금으로부터 이십여 년 전인 1990년 정도의 설법 영상 등은 부끄러워서 마지막까지 볼 수도 없습니다. 최초의 5분 정도 보는 것만으로 다다미를 쥐어뜯으며 죽고 싶어질 만큼 부끄러워서, 나 자신도 '정말로 무신경했구나'라고 생각할 정도로 추해 보였습니다.

예를 들면 머리는 스스로 해서 촌스럽고, 휴일에 바다로 수영하러 간 탓에 얼굴이 시커멓게 탔는데, 그대로 강연하러 나간 것입니다. 시커먼 얼굴에 눈만 가느다랗게 빛나고 있었으므로 평상시보다 더 추한 얼굴로 보여졌습니다.

그럼에도 불구하고 당시는 규슈九州 지방의 지부 수가 많지 않았으므로, 그 고장에 사는 열혈 신자가 '영화관을 전부 빌려서 이 강연을 상영하겠습니다'라고 말해 왔던 것을, '좋은 일이다. 해봐라' 하고 답하였습니다.

다만 상영되었을 당시 '이 얼굴이 크게 확대되어서 영화관에 비춰졌는가'라고 생각하니 섬뜩하여 식은땀이 흐를 정도입니다.

결국 몇십 년이나 지나고 나서 반성하고 있는 셈입니다. 당시에는 일하는 시간에는 마음을 다잡고 지낸다는 생각으로 지냈으므로 외모는 특별히 바뀌지 않았습니다.

게다가 그 무렵은 복장에 관해서도 그다지 신경 쓰지 않았습니다. 갈아입을 옷은 가지고 갔지만, 당시 배우자의 취향에 의해 '종교가는 인기를 얻으면 안 된다', '너무 많은 사람에게 흥미와 관심을 받는 식이어서는 안 된다'고 해서, 시골 학교의 교장 선생님이나 교감 선생님처럼 보이는, 어두운 분위기를 내는 남색 슈트 등을 천편일률적으로 입었습니다.

즉, 입는 옷은 매번 다릅니다만 전부 똑같아 보이는 색상이었습니다. 체형이 그다지 변하지 않았으므로 매년 같은 옷을 계속해서 입고 있었습니다. 모두 남색으로 비슷한 슈트이기에, 영상에서 보면 차이를 알 수 없습니다.

그러한 것을 계속해서 입었으므로 '원래 외형적인 신체 조건도 좋지 않은데다가 패션도 비슷하게 똑같다'는 식이었습니다. 가끔 넥타이가 바뀌었습니다만, 그 정도로 강연회를 했던 셈입니다. 다만 신경 쓰지 않을 때는 느끼지 못하는 것인지도 모르겠습니다.

'실력으로 승부하기'라는 사고방식으로 일관했다

어쨌든 '부모의 예언'도 있었고 환경도 그러한 것이었습니다만, 그래도 교단은 순조롭게 계속 발전했습니다.

이상하게도 외모에 구애되지 않아도, 참가자는 최초 87명으로부터, 그다음은 400명, 900명, 1,000명, 2,000명, 3,000명, 5,000명, 1만 명, 2만 명, 5만 명……이라는 식으로 점점 늘어났습니다. 다만 외형적인 모습은 전혀 풍채가 좋아지거나 변하지 않은 상태였습니다.

한편 현재는 내 화장이나 이발 등을 해 주는 직원이 있습니다. 그 사람 가게에 다니기 시작한 것은 확실히 1990년인가 1991년쯤이었습니다. 도쿄돔이나 요코하마 아리나 등의 강연회에 나갈 때였습니다만, 드디어 '외모를 아름답게 보이도록 하는 것이 좋을 것 같다'는 것을 알아차린 셈입니다.

다만 그때는 참가자가 이미 만 단위까지 늘어나 있었으므로 내 일생의 주장으로는 '내용으로 승부하기', '실력으로 승부하기'라는 사고방식으로 일관하고 있었습니다.

물론 외모를 꾸미지 않는 만큼, 혹은 돈을 아낀 만큼 박력을 내는 데에도 에너지가 필요했으므로, 강연이 끝난 뒤에는 죽을 것 같은 상태가 되었습니다. 4일 정도나 일어날 수 없을 정도로 지친 모습으로 '혼이 빠지기 직전 상태'까지 진력해서 강연하고 있었던 것입니다.

역시 외모보다는 실력으로 승부한다는 것은 그러한 것이며, 혼속 깊은 곳에서부터 '충격파'를 보내주지 않으면 안 됩니다. 이쪽도 '강연이 끝난 뒤에는 이제 승천해도 좋다'라고 할 정도의 각오로 하는 것입니다만, 그것이 전해졌으므로 찾아오는 사람이 늘어난 것이겠지요.

물론 지금은 더해지는 나이를 이길 수는 없고, 외모를 조금 꾸미지 않으면 안 되므로, 옷을 바꾸어 입거나, 멋을 부리기도 합니다만, '가늘게 오래 하는 것이 교단의 안정으로 이어진다'고 보고 그렇게 하는 면도 있습니다.

똑같은 외모라도 '마음의 모습'에 따라 달라 보인다

그러한 의미로는 반드시 외모가 좋아서 인기가 좋다고는 할 수 없고, 내용에 '강한 의지의 힘'이나 '생각하는 힘', '정성의 힘'이 있으면 사람은 외모만으로는 보지 않는 면도 있는 셈입니다.

다만 오래 계속해 가려고 한다면 '취향'은 그 나름으로 노력하여 조금은 실천하는 쪽이 좋겠지요.

나도 50살을 지나고 나서 '젊어졌다'는 말을 자주 듣고 있습니다만, 세간에서 하는 정도로 노력하기 시작했을 뿐입니다.

참고로 학생 시절이나 사원 시절 등 젊었을 때는 향수도 사용하고 있었습니다만, 한 종류만으로, 그것도 옷을 세탁소에 맡기지 않기 위한 '세탁비용 대신'으로 사용하고 있었던 정도였습니다. 대부분이 '냄새 제거'에 사용하던 향수였으며, 소위 '멋을 부리기 위한 향수'가 아니었습니다. 너무 밝히면 신비감이 사라지므로 더는 말하지 않겠습니다만, 그러한 것이었습니다.

어쨌든 외모에 의해 사람들에게 다른 이미지를 주고 평가를 바꾼다는 것도 중요합니다만, 본래 '자기의 힘'을 살릴 수 있는 데까지 살려서 변화시켜 간다면 충분히 통하게 되는 것입니다.

'마음의 모습'은 밖으로 드러납니다. 비록 같은 부모로부터 태어나 비슷한 외모를 하고 있어도 '혼의 힘'이 다르면 전혀 다른 사람으로 보이는 것입니다.

'본질적인 곳에서 가치를 갖는 것'이 중요하다

'실력이 있는 남성'이나 '일에서 성공하는 남성', '출세하는 남성'은 매력적이라고 생각합니다.

비록 그 사람이 입은 옷의 주머니 밑바닥에 구멍이 나 있거나 세탁하지 않은 손수건을 사용하고 있거나, 양말에 구멍이 나 있어도, 역시 일에서 성공한 만큼 매력적인 모습으로 보이게 되는 것입니다.

그러한 면을 '더럽다', '징그럽다'라고 말하며 싫어하는 여성도 있습니다만, 반대로 그 남성에게 관심을 갖게 되면 '불쌍하네. 내가 가서 보살펴 주지 않으면 안 돼. 옷을 바꾸어 주거나, 손수건을 세탁해 주어서 이 사람을 좀 더 깔끔하게 해 줘야 해'라고 생각하게 되는 셈입니다.

혹은 사계절 내내 똑같은 구두를 신고 있어서, 여름이 되면 회사에서 '탈취제를 뿌려주어야 하나?'라고 생각될 정도로 냄새를 풍기는 사람도 있을 것입니다. 그러나 매료되면, 이번에는 반대가 되어서 '이 사람에게는 여자친구가 필요하므로, 새 구두 정도는 사줄 필요가 있다'라고 생각하게 됩니다.

이처럼 인간관계의 태도에 따라 전혀 달라지는 일은 있습니다.

따라서 역시 본질적인 것에서 가치를 갖는 것은 중요하며, 그 이외의 것에 대해서는 사교적인 예의 차원에서 상대에게 불쾌감을 주지 않고, 이왕이면 호감을 주는 노력을 해가는 것이 좋겠다고 생각합니다.

'약간의 약점'이 매력이 되고 호감을 부른다

만일 당신(질문자)과 같은 분이 '성형하고 싶다'고 말한다면, 역시 나는 '하지 않는 쪽이 좋다'고 답하겠습니다. '이미 충분히 세상에서 인정받고 있는데, 그럴 필요가 없다고 생각합니다. 성형한다면 외모가 너무 뛰어나서 톱스타를 노릴 정도밖에 길은 없으므로, 그렇게 되지 않아도 괜찮습니다. 세계의 연인이 되면 일을 몰입할 수 없게 됩니다. 그러므로 그것은 억제하는 쪽이 좋아요'라고 말할 것입니다.

또 어쩌면 직장환경이 나빠질 가능성도 있습니다. '왜 이 정도로 미모가 뛰어난 사람이 이런 곳에 있어야 하는가?'라는 말을 듣는다면 거기에는 있기 어려워질지도 모르겠습니다. 그러니까 조금 '눈에 띄지 않는 면'이 필요하므로 성형까지 하는 것은 당치도 않는 일이겠지요.

눈에 띄게 아름다운 사람은 오히려 그것을 억제하는 것이 중요하며 그것이 인간관계가 오래가는 비결입니다 외모가 뛰어나면 동성으로부터 미움을 받아도 이성으로부터는 호감을 받는 일도 있습니다만, '어차피 그림의 떡일 것이다'라고 간주해서 이성들이 멀리하여 본심을 밝혀 주지 않는 관계도 많을 것입니다.

그래서 너무 미인인 경우에는 일부러 틈을 만드는 것이 남성을 끌어들이는 요령이며, 동성으로부터도 호감을 받을 수 있는 요령이 되기도 하므로, 조금만 약점을 보이는 것이 좋다고 생각합니다. 약점을 살짝 보여주는 것이 인간관계를 양호하게 유지하면서 평판을 올리는 요령인 셈입니다.

역시 완벽할 것 같은 남성도, 완벽할 것 같은 여성도, 어떤 의미로는 완벽하지 않습니다. 완전무장하는 것이 '진정한 완벽'이라고 생각하는 경향이 있습니다만 그렇지는 않습니다. '진정으로 완성된 아름다움'이라는 것은 조금 부족한 면이 있는 것입니다.

이것은 일본 다도茶道의 차茶와도 닮았습니다만, 찻잔 같은 것이 조금 깨져 있다든지, 금이 가 있다든지, 이러한 데에 풍취가 있어서 제대로 완성된 것에는 그다지 '궁극의 아름다움'을 느끼지 못할 때도 있습니다.

그것과 똑같이 인간도 '저 사람은 여기를 좀 더 고치면 완벽하다고 생각하는데, 조금 아쉽구나'라고 하는 곳이 실은 매력이 됩니다.

이것은 인간관계에 관한 질문과도 관계가 있다고도 생각되고, 지금 외모의 미용성형에 관한 질문을 받았는데, '능력으로 사람들과의 조화를 꾀할 수 있는가 아닌가'라는 것으로 고민하는 사람도 있다고 생각합니다.

다만 너무 뛰어난 수재보다는 적당히 부족한 부분을 가진 쪽이 귀염성이 있어서 좋은 면도 있고, '전혀 흠잡을 곳이 없다. 모든 면에서 완벽하다'라는 말을 듣는 사람은 별로 사랑받지 못할 수도 있습니다. 왜냐하면 인간은 컴퓨터가 아니기 때문입니다.

물론 이것은 일에서 실수할 것을 권하는 것은 아니고, 중요한 곳에서는 실수하지 않는 것이 신용의 바탕이 되지만 '일상생활에서 조금 부족한 면을 보이거나, 실수하거나, 잊거나 하는 쪽이 인간성이 느껴져서 호감을 받는 일이 많다'는 것은 알아두는 것이 좋겠지요.

완벽을 지향하고 싶을 것입니다만, 여성이어도 완벽한 미인에게는 쉽게 접근할 수 없는 면이 많으므로, 조금만 틈을 열어 두지 않는다면 영원히 사람이 접근할 수 없는 일도 있을 수 있습니다. 따라서 그 부분에 대해서는 적당한 변화를 즐기면서 살아갈 필요는 있다고 생각합니다.

'이 사람에게는 이런 결점이 있었는가'라는 것으로 호감이 가는 일이 있으므로, 그러한 것을 보이는 것이 좋다고 봅니다. '전혀 결점이 없는 사람에게는 그다지 끌리지 않는다'는 것도 알아두는 것이 좋겠지요.

요컨대 '마음의 여유가 있다. 혹은 부정적인 면이 있어도 실력면에서는 합격점을 받을 수 있을 만큼 뛰어나다'는 것입니다. 죽을 힘을 다해 열심히 하지 않으면 합격점을 받을 수 없다면 역시 문제가 있는 것이 아니겠습니까?

'오래 사귀는 동안에 맛이 나는 사람'이 바람직하다

위로가 될지도 모르겠습니다만, 모두가 '콧대가 높고, 눈이 커서 또렷하고, 치열이 좋아서'라는 식으로 비슷한 얼굴로 만들어지는 것도 조금 생각해야 할 문제입니다.

하늘은 여러 형태로 다양하게 만든 셈이므로, 그 가운데에 자기의 '살아갈 도리'를 찾는 것이 중요하며, 살아갈 도리만 제대로 할 수 있으면 무엇을 해도 잘 되는 셈입니다.

나 자신이 행복의 과학을 시작할 때는 '이런 일에 맞지 않는다'라는 말을 듣거나 '행복의 과학'이라는 교단 이름을 만들었을 때도 '이런 이름은 절대로 유행하지 않는다. 사람 등이 모이지 않는다'라고 계속 말을 듣는 등 언제나 여러 가지로 욕을 먹었습니다.

다만 그러한 것을 극복해 가지 않으면 안 됩니다. 그리고 그것들을 극복하여 평가받게 되면 사람들의 평가는 달라집니다.

그 때문에 '초기에 사람들이 별로 평가해 주지 않는다'라든지 '첫 만남에서 좋게 평가해 주지 않는다'는 것에 대해, 나는 별로 걱정하지 않았습니다. 역시 오래 계속되어 가면 차츰 평가가 올라가는 것이 진짜라고 생각합니다.

그것은 인간관계에서도 그렇겠지요.

남성 간의 우정이어도, 남녀 간의 우정이어도, 씹으면 씹을수록 맛이 나는 말린 오징어는 아니지만, 오래 사귀는 동안에 점점 좋아지는 관계, '맛'이 나는 관계가 역시 바람직하다고 생각하므로, 그러한 인간이 되고 싶습니다.

순간적으로 외모가 바뀌어서 모든 것이 좋게 보이는 일도 있을지 모르겠습니다만, 차츰 '맛'이 나는 관계가 좋다고 생각합니다. 처음에는 별로 예쁘다고 생각하지 않았는데도, 대화를 나누면서 점점 좋은 느낌이 생기는 '대화 미인', '성격 미인' 같은 경우도 있는 셈입니다.

이러한 이야기는 당신(질문자)과 같은 사람에게는 통하지 않을지도 모르겠습니다만, 당신 이외의 사람에게는 충분히 통한다고 생각되므로, 세간의 '중생구제'를 겸해서 이러한 이야기를 해 두고자 합니다.

'강점'을 발휘하여 '약점'이 가려진 존 F. 케네디

그러니까 완벽은 추구하지 마십시오. 조금 틈이 있을 정도가 매력이 있으며, 약점이라고 말해진 것이 약점이 아니게 되는 일도 있습니다.

어디선가 한 점 돌파하여 압도적으로 '강점'을 발휘했을 때는 그 '약점'이 가려지는 일도 있습니다. 어디선가 '강한 빛'이 용솟음쳐 나올 때는 다른 약점 등은 전부 사라지는 셈입니다.

예를 들면 미국에서 '멋진 대통령'이라고 하면 케네디 대통령이 바로 떠오를 것입니다만, 케네디는 잉글랜드 계통의 프로테스탄트가 아니라, 아일랜드 계통의 가톨릭이며, 미국에서는 소수파에 속합니다.

또 하버드 대학에 들어가기는 했지만, 학교 성적이 좋아서 하버드에 들어갈 수 있었던 것도 아닙니다. 학교 성적은 별로였습니다만, 그에게는 동아리 활동 등으로 팀을 통합하거나 교내를 통합하는 면에서 대단히 뛰어난 실력이 있었으므로, 면접을 본 하버드 선배가 '학력學力은 좀 더 올려야 하겠지만 인간적으로 매력이 있다'고 미루어 알아준 면이 있어서 하버드에 들어갈 수 있었던 셈입니다. 그처럼 학력으로 들어갈 수 있었는지는 약간 미심쩍지만, 강점을 인정받아 하버드에 입학할 수 있었던 것입니다.

그는 오른쪽과 왼쪽 다리 길이가 조금 달랐으므로, 제대로 걸을 수 없어 다리를 끌고 다닌 적도 있었을 것입니다만, 그러한 것까지 알아차린 사람은 아마도 거의 없겠지요. 역시 지금도 스타일이 좋고 멋진, 젊은 대통령의 이미지로 남아 있습니다.

그런데 실제로는 그러한 결점이 있고, 머리가 그다지 뛰어나지도 않았고, 스포츠 선수처럼 보이는 한편, 다리 길이가 다른 외형적인 문제도 있었습니다.

여배우 간노 미호菅野美穂의 '매료시키는 기술'은 아닙니다만, 케네디도 그러한 결점을 가지고 있었고 '다른 사람한테서 어떻게 보이는가'를 충분히 연구하고 활동하고 있었던 것이겠지요(≪매료시키는 기술 - 여배우 간노 미호 수호령 메시지≫, 행복의 과학 출판 간행 참조).

그러한 의미로 '사람은 자기의 결점을 노력으로 보완할 수도 있다'는 것을 공부하는 것이 좋고 '다른 결점이 많이 있어도, 한 점 돌파로 커다란 빛이 나오면 다른 것이 가려져 버릴 만큼 눈부신 상황이 될 때도 있다'는 것입니다.

배우도 '인기'나 '배역'이
외모만으로 결정되는 것은 아니다

한국 드라마의 '겨울연가'가 유행했을 때는, 나도 전체를 세 번이나 보고 '배용준은 멋있구나. 종교계에서 이 정도로 멋있으면 세계의 아이돌이 되어 전도가 빠르게 진척되겠구나'라고 생각했습니다.

당시 교주전敎主殿인 대오관大悟館 부근에도 배용준이 프로듀서한 한국식당이 생겼는데, 그의 가게 근처에는 팬클럽을 위한 모임 장소까지 따로 만들어졌을 정도였습니다. 당시에는 중년 여성들이 많이 찾아서 분위기가 고조되었는데도, 어느 정도 시간이 흐른 뒤에 가게는 망해서 없어진 상태였습니다. 인기는 있을 때는 있지만, 떠날 때는 이렇게 허무한 것이겠지요.

일본에서 배용준 가게는 떠나갔습니다만, 나는 아직 이 자리에서 일하고 있습니다. 외모만으로 모든 것이 결정되는 것은 아니므로, 그러한 사람이라도 인기가 사라질 때는 있다는 것입니다.

특히 외모로 경쟁하는 사람일 경우에는 나이가 들면 점점 로맨스 드라마에서는 배역을 맡지 못하게 됩니다.

오히려 내가 '텔레비전이나 영화에 출연하여 연애에 관한 배역을 맡아 달라'고 하면, 지금도 할 수 없는 것은 아닙니다. 확실히 다무라 마사카즈田村正和(일본의 배우)는 60세 때 드라마 '신新 뉴욕 사랑 이야기'에서 '나이 차이가 나는 여주인공과의 연애'에 대해 연기하고 있었으므로 '저 정도는 나도 못하는 것은 아니다'는 마음은 있었습니다. 다만 '아직 할 수 있어요'라고 말해서 행복의 과학 영화 부서에서 호출되면 안 되므로, 너무 나서지 않도록 하고는 있죠.

이처럼 '인간은 외모가 아니라 연기력이나 인품으로 그러한 배역을 맡을 수 있는 일도 있다'는 것도 알아두는 것이 좋습니다.

즉, 좋아진다면 무엇이든지 잘 되는 것입니다.

2014년에 세상을 떠난 다카쿠라 켄高倉健(일본의 배우) 씨도 인기가 높아지면서 '과묵하고 무례한 남자'라는 면이 멋진 남자의 대명사가 되기도 했습니다만, 평상시 같으면 '과묵하고 무례한 남자'의 이미지는 배우로서는 별로 호평받지 못했을 것입니다.

그러한 사람은 '대본도 제대로 외우지 못하는가', '연기도 못하는가'라고 말하거나 '서비스 정신이 없는 남자구나'라고 말하겠지만, 국제적으로 인기가 생기면 모두 입을 다물고 마는 것입니다.

그와 같은 셈이어서 역시 '본업을 소중히 여기고 성공해 간다'는 것이 여러 가지 것을 보완하고 인생을 추진해 가게 되는 것이라고 나는 생각합니다.

Point

- 마음이 바뀌면 외모도 바뀌는 면이 있다.

- 소지품이나 복장, 머리 모양 등에서 악센트를 넣어서 자기 이미지를 바꾸거나 '의지의 힘'으로 인생이 바뀌는 일은 있다.

- '세계의 연인'이 될 필요는 없으므로, 자기 고유의 맛을 낼 수 있으면 좋다.

- 일에서 성공하려면 실력이나 본질적인 곳에서 가치를 갖는 것이 중요하다.

- 그 이외는 사교적인 예의로서 노력해 가면 좋다.

- 틈이 없는 완벽한 미인보다도, 약점이나 실수가 살짝 보이는 쪽이 매력적이고 사랑받는 일이 많다.

- 결점이 많이 있어도, 한 점 돌파로 빛이 나오면, 다른 것이 가려져 버릴 때도 있다.

Chapter 4

부모와 자녀의 갈등을 넘어 가정에서 신앙을 계승해 가려면

Q4
아이가 부모의 신앙을
별로 이해해 주지 않습니다

'가정에서 신앙을 계승하는 문제'에 대해 여쭙겠습니다.

부모가 신앙을 가지고 열심히 활동하고 있어도, 아이에게는 좀처럼 충분히 전해지지 않은 예를 볼 수 있습니다.

이것은 '가정 내에서의 전도, 신앙의 계승이 잘 안 되고 있다'는 것으로 생각됩니다만, 진리 가정을 이루고 신앙을 계승하는데 있어서 중요한 점에 대해 조언을 부탁드립니다.

종교 활동이 '부모의 역할을 소홀히 한다'고 보일 때가 있다

그것은 자주 있는 문제라고 생각합니다.

'인생, 100점 만점'이라고 만족하고 있으면서 신앙에 눈을 떠서 종교 활동에 몰두하는 분은 비교적 드물겠지요. 대개는 그렇지 않고, 무언가의 벽에 부딪치거나 자기가 지금까지 해왔던 공부나 경험으로는 해결할 수 없음을 느끼고 신앙에 이르는 경우가 많습니다.

즉, 인생 경험을 거쳐서 부모의 나이가 될 때는 고민이 늘어나기 때문에, 그것을 털어놓거나, 상의하거나, 기원하는 대상을 바라게 되는 셈입니다.

그런데 아이는 당연히 전부가 보이는 것은 아니므로, 부모가 고민을 갖고 해결을 위해 공부하거나, 다른 사람과 상의하거나, 기원하거나, 명상하거나 하는 시간을 가지려고 하는 것을, 자기 혹은 자식들에게 '부모의 역할을 소홀히 하고 있다'고 보이는 것이 많은 셈입니다.

예를 들면 '어머니는 일주일에 하루는 신앙 생활을 하고 싶으므로, 네 일은 스스로 해라'라는 말을 했을 경우, 아이는 '네. 알았어요'라고 대답은 합니다만, 실제로 온종일 엄마가 집을 비우면 아이는 쓸쓸할 것이고, 스스로 해야 하는 일이 많으므로 '약간 버림받은 것 같은 느낌'이 들 것입니다. 아버지라도 같을 것으로 생각합니다.

혹은 행복의 과학에서는 교주에 대해 '주를 사랑한다'는 말도 있어서, 어머니만이라면 그렇다고 해도 아버지도 남성인 교주를 향해 '주를 사랑한다'고 말하는 일도 있습니다. 조금 이상한 느낌이지만 그러한 말을 들으면, 본래 가족 안에서 순환해야 한다고 할까, 만족시켜야 할 휘발유와 같은 '사랑의 부분'이 주를 믿는다고 하면 바깥으로 새 나간 것 같은 느낌을 받는 것이 아니겠습니까?

아이는 이윽고 자기도 부모와 같은 나이가 되거나, 같은 경험이나 문제에 부딪혀서, 어느 날 신앙에 대해 알 때도 올 것입니다만, 스쳐 지나가서 다른 방향으로 나아갈 때 영원히 모르는 채로 지낼 수도 있습니다.

아이도 여러 가지 고민을 하고 구제받고 싶다고 생각하고 있다

전체적으로 보는 한, 부모로서 자기가 생각하는 신앙 기반을 아이에게 가르쳐줄 경우, 어른이 되기 전에 시작하는 쪽이 원활해지기 쉽습니다.

소위 반항기, 특히 '제2차 반항기'라고 하는 사춘기에 들어갈 때부터의 반항기에는 '자아'가 대단히 강해지므로, 극단적인 말을 한다면 아이로서는 '자기를 택할 것인지, 신앙의 대상을 택할 것인지 정해달라'고 부모에게 간접적으로 반항하는 면도 있을지 모르겠습니다. 혹은 '인류구제도 좋지만, 자기(아이)에 대한 구제는 어떻게 되었는가?'라고 생각할지도 모르겠습니다. 아이는 자기도 구제받고 싶은 것입니다.

예를 들면 '학교에서 공부를 못한다', '인간관계에서 고민하고 있다', '친구와 잘 안 된다', '선생님에게 꾸중을 듣는다', '남자친구나 여자친구와 잘 안 된다', '진로에 고민이 있다', '몸 상태가 나쁘다', '어쩐지 지쳐서 아침에 일어날 수 없다', '장마철 같이 우울할 때는 학교에 가고 싶지 않다'라는 것도 있을 것입니다. 그 결과 학교에 간 줄로 알았더니 학교에 가지 않고 다른 곳에서 놀고 있어서 선생님으로부터 통보를 받는 일도 있을 것입니다.

이처럼 아이도 나름대로 여러 가지 고민을 하게 됩니다.

'신앙 속에 인생 과정에서 공부해야 할 것이 있다'라고 전해준다

그러한 것에서부터 생각하면 '좀처럼 부모의 마음을 아이는 모르는구나'라고 생각되겠지요. 다만 그러한 것이 있다고 해도 '신앙이 있고, 그 속의 인생 과정에서 공부해야 할 것, 자기가 참고로 해야 할 것이 있다'고 전해주는 것은 중요합니다.

이윽고 그들이 부모에게 상담할 수 없게 될 때가 올 것입니다.

부모와 상담해도 답이 돌아오지 않게 될 때도 있고, 부모의 나이가 많아서, 병들거나, 돌아가시기도 하므로, 상담할 도리가 없을 때도 있습니다.

또 어렸을 때는 '훌륭하다'고 생각되던 부모가 어른이 되어 보니 그렇게 훌륭하게 보이지 않을 때도 있을 것입니다.

그럴 때도 자기 나름의 인생 과제에 답을 내지 않으면 안 될 때가 있을 것입니다. 헤매고 헤매어, 회사 선배나 상사, 동료, 혹은 아내나 남편 등 많은 사람에게 상담해도 답이 나오지 않을 때, '그러고 보니 이럴 때 아버지는 이렇게 하고 있었구나. 어머니는 이렇게 하고 있었구나'라고 생각하기 시작할 때가 있는 셈입니다.

이미 부모는 저 세상에서 보고 있을지도 모르겠습니다만 '상당히 오랫동안 못 갔지만, 총본산 정사에 가볼까', '지부에 가서 물어볼까, 법우를 만들어 볼까'라고 생각할 때가 올 것입니다.

그러므로 신앙에서는 초조해져서는 안 되고 '시간적으로 보아 순간적으로 효과가 나는, 즉석의 것이 아니면 안 된다'는 식으로 생각해서는 안 될 것입니다. '지하수맥처럼 이어져서 어디선가 또 솟아날 때도 있다'는 것을 알아두는 쪽이 좋습니다.

아이에게 '왜 열렬하게 신앙하고 있는가'를 설명한다

물론 가족 중에는 할아버지나 할머니, 형제, 아이도 있으므로 부모가 열심히 신앙 활동을 할수록 욕을 먹게 될 때도 있고, 부모의 일이나 가정에서의 일, 혹은 회사업무 등에서 부정적인 면이 보일 때도 있을 것입니다. 다른 사람의 눈에는 그런 식으로 보이는 것이므로, 다른 사람이 비판하거나 욕을 하는 것이 모두 틀렸다고는 반드시 말할 수 없습니다.

다만 그것을 양해한 다음에 '신앙은 내 인생에서 필요하다'라는 신념을 가지고 하는 이상, 그 '부족한 부분'을 능숙하게 중재하는 것이나 보완하는 것이 있는지 없는지를 생각할 필요가 있을 것입니다.

그리고 부모로서 자기 말로 '부모가 왜 거기까지 열심히 하고 있는가? 빠져들고 있는가? 열렬하게 신앙하고 있는가'를 아이의 나이에 맞게, 혹은 놓인 입장에 맞게 이해하기 쉬운 말로 설명하지 않으면 안 될 것입니다.

그러한 것은 아이가 아니어도 있다고 생각합니다.

예를 들면 부부 문제라도 '아내가 밤에 지부에 가서 언제나 집에 없다'는 것을, 집안에서 아버지와 아이가 '어머니는 또 나갔구나'라고 말한다면, 신앙 활동이 아니라 어딘가에 놀러 간 것처럼 보일 수도 있을 것입니다.

그러한 일은 있을 것으로 생각합니다만, 인간으로서 어느 정도 사람의 마음을 안다면 '무언가의 형태로 자기 나름의 노력을 해서 전하자. 설명하자'는 마음이 있어도 좋다고 생각합니다.

신앙 행위를 꿀리는 느낌으로 하지 말자

다만 조심하지 않으면 안 될 것은, 꿀리는 느낌으로 신앙 행위를 계속할 경우입니다. 인간에게는 나쁜 버릇이 있어서 '꿀리는 느낌을 가지고 있다', '꺼림칙하다고 생각하고 있다'라는 사람에게는 틈을 노리고 공격해 오는 식으로, 더욱 깊이 파고들어 올 때도 있습니다. 타인이 아니라 친족이라도 그러한 면은 있습니다.

또 신앙을 '배출구'로 사용할 때가 있습니다. 일이 잘 안 되는 것에 대한 '불만의 배출구'로서, 거꾸로 신앙이 이용당할 때도 있습니다.

예를 들면 '신앙 덕분에 좋아졌다'는 것도 있지만, 뭔가 나쁜 일이 있으면 '신앙 때문에 이렇게 엉망이 되었다'라는 말을 듣게 될 경우도 있습니다. 이처럼 양쪽으로 사용될 때가 있는 셈입니다.

그러한 의미로 여러 가지 일이 있다고 생각합니다.

부모도 아이도 독립된 인격으로서 인생 수행과제를 가지고 산다

물론 부모와 자녀는 일체의 면도 있습니다만 '부모도 아이도 독립된 인격으로서 자기의 인생 수행을 가지며 살고 있다'는 것을 알려줄 필요가 있고 '아이도 이윽고 자립하고 독립할 때가 온다'는 것도 모르면 안 됩니다.

자녀가 자립하고 독립한 후, 소위 '빈집 증후군'이라고 해서 '집 안이 텅 비어서, 이제 자기가 살아갈 보람이 없어졌다'라고 생각하는 부모도 많습니다.

아이에게 투자했던 에너지가 100퍼센트라면, 투자할 대상이 없어졌을 때, 인생의 살아갈 보람이 제로가 될 경우도 당연히 있을 테니까, 부모는 부모로서 무언가 인생의 가치관을 추구한다거나 자기의 수행 목표, 학습 목표와 같은 것은 있어도 좋다고 생각합니다.

그것을 아이는 뒤흔듭니다만, 뒤흔들어도 흔들리지 않고 남는 것이 있는 셈입니다. '출렁다리'는 아닙니다만, '흔들흔들 흔들리지만, 끊어지지 않고 저쪽 편으로 건너갈 수 있다'는 것을 안다면 그것을 허용하는 면도 있다고, 그만큼의 이해력이나 자제심을 아이에게 가르치는 기회이기도 할 것입니다.

부모의 일에는 '인생의 엄격함'을 가르치는 면이 있다

이러한 일은 다른 형태로 나올 수 있고, 신앙만의 문제가 아니라고 생각합니다.

예를 들면 일의 문제에서도 같은 일이 일어날 것입니다. 부모의 일에 대해서 말한다면, 아이의 관점에서 볼 때 언제나 집에 있어서 자기들을 돌봐주는 부모가 좋은 부모로 보일 것입니다.

즉, 아이일 때는 시간이 많아서 언제나 놀아 주는 부모가 좋게 보이지만, 자라나면 "부모가 우리에게 해 주었던 것은 아무래도 커다란 일이나 중요한 일은 아니었던 것 같다. 부모는 자기 인생에 좌절하여, 일에서 자기실현을 못한 상황이 되었으므로, 가정이나 아이에게 시간을 쏟아서 '너희는 내 몫까지 열심히 해라'는 식으로 하고 있다"라는 것을, 자신도 부모 나이가 되어 아이를 키워보면 알게 될 때도 있을 것입니다.

그러한 것에서부터 생각하면, 부모는 바빠서 아이들에게 시간을 내지 못하는 것에 대해 죄책감이 있을지도 모르지만, 반대로 아이에게 '부모는 바쁘게 일하는 법이야. 아이에게만 얽매여 있을 수 없단다'라고 가르쳐주는 것은, 어떤 의미로 '인생의 엄격함'을 가르쳐주는 것도 됩니다.

결혼 후에 '부모의 마음'을 알 때도 있다

그리고 아이가 어른이 되어 결혼할 때, 서로의 가정 상황에 상당한 차이가 있으면 맞지 않는 일도 있습니다.

예를 들면 부모가 공무원이어서 저녁 때는 반드시 돌아오는 가정도 있고, 부모의 야근이 많은 가정도 있고, 혹은 부모의 출장이나 단신 부임, 주재 등이 많은 가정도 있는 셈입니다.

그 때문에 그러한 것에 익숙해진 사람과 그러한 경험이 없는 사람이 결혼했을 경우에는, 서로 이해하기 힘든 면이 나타날 수 있습니다. '자기 부모는 반드시 저녁에 돌아왔는데, 내가 결혼한 상대는 단신 부임만 반복하고 있다', '회사에서 야근했다고 말하지만, 정말일까'라고 생각할 때도 있는 셈입니다.

이처럼 서로 이해가 안 되는 면은 있습니다만, 될 수 있는 한 '여러 인생의 모습이 있다'는 것을 가르쳐 주는 것도 중요합니다.

'아이 효행'이라는 말이 있는지는 모르겠습니다만, 부모가 아이를 소중히 여기지 않고 자기 일에 열중하고 있으면, 아이의 관점에서 볼 때, 일에 얽매여서 육아를 포기했다고 보일지도 모릅니다. 다만 그러한 부모라고 해도, 아이 자신이 그러한 상대와 결혼했을 때, 혹은 자기자신도 일이 바쁜 환경에 들어갔을 때, 이해를 할 수 있게 되고 오히려 아이를 제대로 돌봐주지 못했던 부모의 마음을 알 때도 있습니다.

그러니까 아이의 처지에서 편한 부모가, 반드시 자기의 목표로 삼아야 할 것인가 아닌가는 알 수 없다고 생각합니다.

'일본에서 일하는 아버지'의 엄격한 상황

어느 통계에 의하면, 일본에서 일하는 아버지가 아들과 놀아줄 수 있는 시간은 하루 평균 5분이며, 어머니는 30분이나 40분이라고 합니다. '5분'이라고 하면 나도 '너무 짧은 시간이구나. 세상의 아버지는 상당히 힘들구나'라고 생각이 듭니다.

우리 아버지는 인생의 반 정도는 관공서 등에 근무하고 있었습니다. 관청 계통의 일이었으므로 5시가 되면 일이 끝나서 6시경에는 돌아왔습니다. 그 때문에 '그것이 당연하다'라고 생각하고 있었습니다.

나는 그러한 환경에서 자랐으므로 아무래도 시간대로 움직이는 경향이 있어서 그것에서 쉽게 벗어날 수 없었습니다만, 우리 아이들은 '세상은 그런 경우만 있는 것은 아닌 것 같다'는 것을 점점 알게 되어서 규칙적이지 않은 생활을 하는 아이도 나왔습니다.

이처럼 다른 집 부모는 그렇지 않을 때도 있는 셈입니다. '술을 마셔서 집에 돌아가지 않는다'라든지 '갑자기 야근을 해서 돌아오지 못했다'라든지 '출장을 갔다'라고 하는 일도 많습니다만, 아이에게는 좀처럼 이해할 수 없는 면이 있습니다.

다만 인생에는 여러 패턴이 있으므로 '우리 집 패턴은 이런 것이다'라고 가르쳐주는 것이 좋습니다.

신앙으로 이끌 수는 있어도 깨달음의 길까지는 데려갈 수 없다

아이를 행복의 과학 지부나 정사, 강연회 등에 데리고 갈 기회가 있으면 함께 데리고 가서 어느 정도 보여주고 '이런 일을 하는구나'라는 개요를 이해시켜 주는 것도 중요합니다.

혹은 책이나 CD, DVD 등 여러 가지 교재가 있으므로 그러한 것을 공부하는 모습을 집에서도 보여줌으로써 '대체로 이런 일을 하는구나', '과연 나뿐만은 아니고 아버지에게도 학교가 있구나', '어머니에게도 학교가 있구나'라는 것을 이해시켜서 '역시 어른이 되어도 공부를 계속하는 것은 그 나름대로 훌륭한 일이다'는 것을 알려주는 것은 중요합니다.

어른이 되면 공부를 그만두는 사람이 많습니다. 공부를 그만두고 작은 단체에서 사귀는 것으로 일보다는 동아리 활동과 같은 것을 하는 사람도 아주 많습니다. 그러한 가운데에서 진리 서적을 읽거나, 연수에 참가하거나, 강연을 듣는 사람은 역시 향상심이 있는 사람이므로, 아이도 어떤 식으로든 감화는 받을 것입니다.

역시 무엇을 할 때도 '메리트만이 있고 디메리트가 없다'는 것은 거의 없습니다.

스포츠를 해도, 열심히 달린 다음 날은 몸이 아파서 일이 잘 안 되고, 눕고 싶어지고, 정말 병이 나는 경우도 있습니다. 그러한 것으로 몸은 강해지겠지만, 그리 간단히 기분 좋게 마라톤을 할 수 있게 되는 것은 아닙니다.

그것과 같아서 부모가 그것에 가치를 느끼는 것과 무엇을 하는 것인가를, 어느 정도 아이가 이해할 수 있도록 전해주는 것이 중요합니다.

다만 그 후 신앙이 똑같이 자손에게 이어지거나, 더욱 열심히 할 것인가 아닌가는 알 수 없습니다. 역시 개인에게 차이가 있고, 혼적魂的으로도 차이는 있습니다. 자녀가 여러 명 있을 때도, 아마 각각의 혼에 차이는 있을 것입니다. 그 때문에 그러한 인생에 끌릴 경우도 있거니와 끌리지 않을 경우도 있다고 봅니다.

따라서 아직 제구실을 못하고 있을 때, 어느 정도 신앙으로 인도를 해 두는 것은 중요하다고 생각합니다만, 어른이 되고 나서 그것을 언제까지나 계속할 수 있는가 아닌가에 대해서는 역시 사람마다 다릅니다.

그 아이가 '우리 가정은 불행했다'라고 생각할 때는 떠나갈 수도 있을 것이고 '불행했지만, 신앙 덕분으로 가족이 어떻게든 한데 뭉쳐 있었다. 유지했다'고 생각한다면 그것을 극복하고, 부모의 뒷모습을 보고 따라가려고 할 때도 있을 것이므로, 그것은 사람마다 다를 것입니다.

즉, 신앙으로 이끌 수는 있었다고 해도 최종적으로 반드시 깨달음의 길까지 데리고 가는 것은 역시 불가능하다고 생각됩니다.

영어 속담에서 말하는 대로 '말을 물이 있는 곳까지 데리고 갈 수는 있어도, 물을 마시게 할 수는 없다'You can lead a horse to water, but you can't make it drink.'라는 것입니다.

물을 마시는 것은 역시 말 자신이며, 무리하게 물을 먹이려고 해도, 고개를 가로저으며 절대로 마시지 않으려고 한다면 그것은 어쩔 수 없는 것입니다.

망아지일 때는 무리하게 마시게 할 수 있을지도 모르겠습니다만, 커지면 어려워질 것입니다.

인생이란 그러한 것이므로 어떤 의미로 그렇게 결론을 짓는 것이 좋겠지요.

자기의 시간을 가질 수 있는 사회가 도래하고 있다

다만 앞으로의 시대를 생각하면, 역시 출생률 감소의 시대이고, 결혼하지 않는 사람도 자꾸 늘어나고 있습니다. '그것은 경제적인 의미에서 커다란 사회문제다'는 견해도 있지만, 원시 불교 등을 공부하면, 어떤 의미로 불타는 '그러한 사회 쪽이 좋다'고 말한 것도 상당히 있습니다.

요컨대 '자기의 시간을 가질 수 있는 사회가 오려고 한다'는 것입니다. 불교에서는 '평생 학생, 평생 공부, 평생 수행이라고 말하는 인생이 이상적이다'는 식의 말을 하는 셈입니다.

그러한 의미로 사회에서 자기의 부담 부분이 줄어든다는 것은 어떤 의미로는 자기를 참구參究하고 탐구하는 시간이 늘어난다는 것이므로, 그것도 하나의 스타일이라고 생각합니다.

신앙의 계승은 반드시 부모의 생각대로 된다고는 할 수 없다

내 경우는 부모님의 인생 전부를 나에게 걸어 주신 것 같아서, 그것을 좋은 쪽으로 택했습니다. 그렇게 택하지 않는 사람도 있겠지만, 부모님은 나에게 많은 시간을 공들여 주셨습니다. 그 보답을 충분히 할 수 없었으므로 '세상에 돌려주자'는 마음이 되었던 것입니다.

다만 이것은 사람에 따라 각양각색이라고 생각합니다. 예를 들면 빼앗아 가는 유형의 아이일 경우에는, 무한정 애정이나 시간 등을 바랄 것이고, 그만큼의 것을 주면 주지 않은 것보다 좋아지기도 하지만 반드시 그렇게 되지 않는 면도 있으므로, 인생은 알 수 없습니다.

아이가 몇 명 있을 때 '이 아이는 귀엽다'고 해서, 형제 중에서도 특별히 시간을 들여서 돌보고 길러서 키웠는데도 아이가 안 좋게 되고, 적당히 내버려 두고 키운 아이가 의외로 좋아진다는 것은, 세간에서도 자주 있는 일입니다. 그러한 일도 있어서 '스스로 경영자가 되어 일을 시작하는 것은 차남 유형이 많다'고 자주 말합니다.

부모로서는 장남이 계승하면 좋겠다고 바라고 시간을 투자하고 주력해서 교육시키고, 인생 교훈을 가르치고, 틀린 길로 가지 않도록 열심히 인도하는 반면, 차남에게는 '도회로 나가서 적당히 일을 찾아, 좋아하는 사람과 자유연애라도 해서 결혼하면 되겠지'라고 자유롭게 놔둡니다.

그처럼 장남에게는 본업을 계승해야 하므로 공을 들이고, 차남에게는 적당히 대하는 일이 많은 셈입니다.

하지만 의외로 사업에 성공하는 것은 차남이 많습니다. 부모가 공을 들이지 않고 아무것도 하지 않았던 차남이, 스스로 노력해서 사업에 성공하고, 효자가 되고, 공을 들인 장남이 불효자가 되는 경우는 자주 있는 패턴입니다. 이러한 '인생의 역설'은 얼마든지 있습니다.

따라서 '뭔가를 했기 때문에 반드시 이렇게 된다'는 것은, 큰 눈, 신불神佛의 눈으로 본다면 '연기의 이법'대로겠지만, 개별 가정 안에 있는 자기, '아버지와 어머니'라는 눈으로 보면, 오히려 생각대로 되지 않는 쪽이 많을 것으로 생각합니다.

즉, 인간적으로 보아 '최소한 이 정도는 해야 한다'고 생각하는 것을 해 두는 것이 좋습니다만, 신앙의 계승에서는 '자기와 같던 지, 그 이상의 신앙자가 되면 좋겠다'고 바래도, 역시 그렇게 되는 사람과 되지 않는 사람은 나오는 셈입니다.

다만 입장으로는 부모가 최초에 신앙에 도달했을 때보다도 어릴 때부터 진리에 근접한 만큼 '거리'는 가까우므로, 기회로서는 클 것으로 생각합니다.

어떤 결과가 되어도 '각자의 문제'로 삼는 단념도 필요하다

그래도 '신앙을 필요로 하지 않는다'는 사람도 나올 것입니다.

그 가운데에는, 예를 들면 신앙을 필요로 하지 않는 학문 영역이나 직업에 열중해서 성공하는 사람도 있고, 인생의 좌절이 많이 일어나서 신을 원망하고 부처를 원망하는 마음이 되는 사람도 나올 것으로 생각합니다. 혹은 육친의 죽음이나 사고 등의 불운을 보고, 신앙으로부터 떠나는 사람도 있을지 모르겠습니다.

그러한 사람은 그와 같은 사람이므로 어쩔 수 없는 면은 있습니다. 다만 그러한 사람에게는 어디선가 '회심'이라는 장소를 주지 않으면 되돌아오지 않을지도 모르므로, 부모로서 자기 힘을 이 이상 낼 수 없는 상황일 경우에는, 마음 고요하게 기도할 수밖에 없겠지요.

어느 부모도, 비록 자기의 아이가 멀리 떨어져 있다고 해도, 건강이나 성공은 기도하고 있을 것으로 생각하므로, 그것이 도달하기를 기도할 수밖에 없다고 생각합니다.

우선 고민으로서 크게 받아들일 것이 아니라 '인생의 여러 모습이나 실상으로서 여러 가지 일이 있을 수 있다'는 것을 알고 있을 것, '최소한 전해야 할 것은 전할 것', '마지막으로 그것이 어떻게 열매를 맺을 것인가, 꽃필 것인가'라는 문제가 각자에게 남는 점에 대해서는, 어느 정도의 단념이 필요하다고 생각하지 않으면 안 되겠지요.

Point

- 신앙에서는 초조해져서는 안 된다.
- 지하수맥처럼 어디선가 솟아나는 일이 있다.
- '왜 열렬하게 신앙하고 있는가'에 대해, 상대가 이해하기 쉬운 말로, 자기 나름의 노력을 해서 전하는 것이 중요하다.
- 꿀리면서 신앙하고 있으면, 잘 안 되는 것의 '배출구'로서, 친족 등에게 거꾸로 이용당하므로 조심한다.
- 최종적으로 열심인 신앙자가 될 것인가 아닌가에는 개인차가 있다.
- 가정에서 육아에는 '인생의 역설'은 얼마든지 있다.
- 부모의 힘이 도달하지 않으면 마음 고요하게 기도할 수밖에 없다.
- 전해야 할 것은 전하면서도, 인생의 여러 모습을 안 다음에는 어느 정도의 단념도 필요하다.

'자기 인생에 후회는 있는가?'라고 묻는다면 '내 인생에 후회 없음'이라고 나는 즉석에서 답할 것이다. 실패나 좌절이 없었던 것은 아니다. 모든 조건이 갖추어져 있었던 것도 아니었다. 고향의 어머니 말에 의하면 '20세까지는 보통 인간이었는데'라는 것이다. 그 '보통 인간'이 보통이 아닌 인생 과제를 짊어지고 기나긴 산길을 걸어왔다고 생각한다. 다만 평범하지만 인생의 시간을 하나하나, 보물을 닦아내는 것처럼 쌓아 올려 왔다.

인생의 도상에서 비판자나 적이 나왔을 때는, 오히려 해야 할 일이 명확해져서 고마웠다. 괴로움이나 고민의 대부분은 인간관계의 조정에 있었을지도 모른다. 석존이 말한 '애별리고愛別離苦', '원증회고怨憎會苦', '제행무상諸行無常'을 여러 가지로 체험해 왔다. 해결되지 않은 문제도 있을 것이다. 하지만 '해결의 출구'는 반드시 있다. 본서가 '행복을 선택하는 4가지 힌트'가 되면 다행이라고 생각한다.

행복의 과학 그룹 창시자 겸 총재

오오카와 류우호오(大川隆法)

≪인생의 방황에 대처하는 법≫
오오카와 류우호오 저서 관련 서적

≪지혜의 법≫ (행복의 과학 출판 간행)

≪미래의 법≫ (위와 같음)

≪희망의 법≫ (위와 같음)

≪연애학 · 연애 실패학 입문≫ (위와 같음)

≪개성을 잘 신장하게 하는 방법≫ (위와 같음)

≪살아남는 사원의 조건≫ (위와 같음)

≪매료시키는 기술 - 여배우 간노 미호 수호령 메시지≫ (위와 같음)

≪인생을 이겨내기 위한 방정식≫ (위와 같음)

≪아임 해피≫(위와 같음))

인생의 방황에 대처하는 법

2019년 6월 20일 제1판 1쇄 발행

지은이 / 오오카와 류우호오
펴낸이 / 강선희
펴낸곳 / 가림출판사

등록 / 1992. 10. 6. 제 4-191호
주소 / 서울시 광진구 영화사로 83-1 영진빌딩 5층
대표전화 / 02)458-6451 팩스 / 02)458-6450
홈페이지 / www.galim.co.kr
이메일 / galim@galim.co.kr

값 12,000원

ISBN 978-89-7895-419-8 13320

이 도서의 국립중앙도서관 출판예정도서목록(CIP)은 서지정보유통지원
시스템 홈페이지(http://seoji.nl.go.kr)와 국가자료공동목록시스템(http://
www.nl.go.kr/kolisnet)에서 이용하실 수 있습니다.(CIP제어번호:
CIP2019021474)